# Pascom

Élide Maria Fogolari
Rosane da Silva Borges

# Pascom

A ação evangelizadora na Igreja
à luz do Diretório de Comunicação

**Dados Internacionais de Catalogação na Publicação (CIP)**
**(Câmara Brasileira do Livro, SP, Brasil)**

---

Fogolari, Élide Maria
 Pascom : a ação evangelizadora na Igreja à luz do diretório de comunicação / Élide Maria Fogolari, Rosane da Silva Borges. – São Paulo : Paulinas, 2016. – (Coleção pascom)

ISBN 978-85-356-4144-8

1. Comunicação - Aspectos religiosos 2. Evangelismo - Ensino bíblico 3. Igreja e comunicação de massa 4. Missão da Igreja 5. Teologia pastoral I. Título. II. Série.

16-02618                                                                                        CDD-253-78

---

**Índice para catálogo sistemático:**
1. Evangelização : Pastoral da comunicação : Cristianismo    253.78

1ª edição – 2016
1ª reimpressão – 2017

Direção-geral: *Bernadete Boff*
Editora responsável: *Roseane Gomes Barbosa*
Coordenação de revisão: *Marina Mendonça*
Revisão: *Ana Cecilia Mari*
Gerente de produção: *Felício Calegaro Neto*
Projeto gráfico: *Manuel Rebelato Miramontes*
Diagramação: *Irene Asato Ruiz*

---

*Nenhuma parte desta obra poderá ser reproduzida ou transmitida por qualquer forma e/ou quaisquer meios (eletrônico ou mecânico, incluindo fotocópia e gravação) ou arquivada em qualquer sistema ou banco de dados sem permissão escrita da Editora. Direitos reservados.*

---

**Paulinas**
Rua Dona Inácia Uchoa, 62
04110-020 – São Paulo – SP (Brasil)
Tel.: (11) 2125-3500
http://www.paulinas.org.br – editora@paulinas.com.br
Telemarketing e SAC: 0800-7010081
© Pia Sociedade Filhas de São Paulo – São Paulo, 2016

# Prefácio

A Conferência Nacional dos Bispos do Brasil – CNBB, após exaustivos estudos e anos de reflexão, e assessorada por profissionais e especialistas, em sintonia com os ensinamentos do Magistério universal, sob a coordenação da Comissão Episcopal Pastoral para a Comunicação, aprovou o Diretório de Comunicação da Igreja no Brasil, com o objetivo de promover e incentivar a Pastoral da Comunicação, para fortalecer o trabalho evangelizador, no contexto da assim chamada nova cultura comunicacional. Publicar o Diretório foi um grande desafio!

Outro desafio – razão de ser deste livro! – é torná-lo conhecido e compreendido por todos os responsáveis pela formulação e condução das práticas de comunicação, nos diferentes âmbitos da vida eclesial e nas relações da Igreja com a sociedade.

Com a revolução dos meios de comunicação, nasce a assim denominada "aldeia global", um ambiente virtual onde a pessoa, em qualquer lugar do planeta, dialoga com a realidade e interage com os acontecimentos, influenciando-os e deixando-se por eles influenciar. Por um lado, esse fenômeno sugere uma comunicação livre e ilimitada, motor de desenvolvimento para toda a sociedade humana. Por outro, com um olhar mais criterioso, constatamos também limites importantes, indícios de incomunicabilidade, sobretudo no campo ético-político: manipulação, mentira, obscenidade... As distâncias e a solidão continuam, até aumentam e se configuram de novas maneiras, embora menos perceptíveis que anteriormente. Estas e outras urgências soam como provocações para todo agente de comunicação, sobretudo para o comunicador cristão, que não pode abdicar da Palavra que conduz à verdade: o Evangelho de Nosso Senhor Jesus Cristo!

O Papa Francisco, inspirado em São Francisco de Assis, insiste na dimensão testemunhal da fé: "anunciemos o Evangelho, se preciso for, com palavras!". Ou seja, a palavra é arrebatadora se fortalecida pelo testemunho! Então, *ex communicandi, lex credendi, lex vivendi* formam um princípio basilar de comunicação, especialmente a cristã.

Nesse sentido, esta obra que o leitor tem em mãos, partindo da história da comunicação e abrangendo os fundamentos, diretrizes e práticas da Pascom, traz excelentes iluminações para que o labor comunicacional não se perca no ativismo estéril, oriente-se por princípios e valores – educomunicação! – e, também, ajude a neutralizar os ruídos e a propaganda invasora, auxiliando na necessária reflexão crítica sobre a realidade.

Este trabalho de reflexão e pesquisa é publicação oportuna para que, a partir do Diretório de Comunicação – CNBB, a ação evangelizadora dos agentes da Pascom seja fundamentada e planejada, com vistas à consecução da finalidade a que se propõe: diagnóstico, políticas e estratégias de ação, projetos, formação e capacitação no uso profissional dos recursos e meios de comunicação.

Sabemos das rápidas e profundas transformações, tanto da realidade comunicacional como da própria vida pastoral da Igreja, e todo esforço para responder aos atuais desafios é muito bem-vindo!

Agradeço às autoras: Ir. Élide Maria Fogolari e Rosana da Silva Borges, pela preciosa ajuda que esta obra dará aos agentes da Pascom: bispos, sacerdotes, religiosos e leigos, promovendo o Diretório e propiciando, assim, uma presença ativa da Igreja do Brasil nos assim chamados "novos areópagos", entre eles, sobretudo, o da comunicação.

Radicados em Cristo – o perfeito comunicador do Pai – como discípulos missionários e cúmplices na missão de comunicar, construamos juntos caminhos de verdadeira comunhão.

Boa e profícua leitura!

† *Dom Darci José Nicioli, CSsr*
Bispo auxiliar de Aparecida
Presidente da Comissão Episcopal da Comunicação – CNBB

# Apresentação

Decididamente, vivemos sob o signo da comunicação em sua perspectiva ampliada. Não temos como negar essa realidade, da qual somos atores e expectadores, e que não cessa de nos desafiar. Cientes da condição comunicacional de nossos tempos, apresentamos este novo livro, que se tece num *continuum* de estudos, pesquisas e práticas antecedentes.

Das últimas publicações e pesquisas até a publicação desta obra, muitas coisas aconteceram, tanto dentro quanto fora do ambiente da Igreja Católica no Brasil e no mundo. Nos limites de nossas fronteiras, ou seja, no âmbito da Igreja, tivemos a escolha do novo sucessor de Pedro, o Papa Francisco, e ocorreu o tão esperado lançamento do Diretório de Comunicação, uma conquista que espelha um desejo antigo, que é o de definição de parâmetros conceituais e operacionais capazes de iluminar as múltiplas práticas do agir comunicativo na Igreja.

Foi a partir deste novo cenário que decidimos repensar o livro *Novas fronteiras da Pastoral da Comunicação* e entregar a você, leitor, este texto, com um novo título, uma nova roupagem e uma nova reflexão que se estrutura a partir do Diretório de Comunicação e da cultura gerada pelas tecnologias. Estes foram os motivos que nos inspiraram para refazermos o conteúdo do livro que se apresenta com o título do Capítulo 10 do Diretório: *Pascom: a ação evangelizadora na Igreja à luz do Diretório de Comunicação*. Esperamos que a Pastoral da Comunicação seja um elo propulsor das práticas comunicativas, nos diferentes âmbitos da vida eclesial e nas relações da Igreja com a sociedade.

Direcionando-nos para a esfera social em termos abrangentes, presenciamos o crescimento vertiginoso das redes sociais – tendo o Facebook como representante dessa escala que não dá mínimo sinal de esgotamento –, a criação de ferramentas de comunicação *on-line* ainda mas ágeis, como o WhatsApp, a sofisticação dos chamados telefones inteligentes, os conhecidos *smartphones*, para citarmos alguns exemplos. Com esses instrumentos, somos provocados a sempre nos comunicarmos e a falarmos mais. Segundo pesquisadores, nunca se falou tanto no mundo:

> Só nos Estados Unidos, houve um aumento de quase sete trilhões de palavras faladas, a partir da invenção das chamadas novas tecnologias (Facebook, Twitter, WhatsApp, e outras). Em 2013, o número de usuários da internet no mundo giraria em torno de 2,6 bilhões (número que, esperava-se, deveria dobrar na década seguinte). A cada minuto, essa multidão disparava, em 2013, 168 milhões de e-mails, via 1,3 milhão de vídeos no Youtube e fazia 370 mil chamadas no Skype. Isso a cada 60 segundos, somente a cada 60 segundos.

Sem sombra de dúvidas, o livro que chega agora às mãos do leitor procura reposicionar a reflexão, enquanto iluminadora da prática, considerando esse cenário que, como assinalamos, não cansa de se reinventar. Portanto, mais do que apenas uma reatualização em nome da técnica, *Pascom: a ação evangelizadora na Igreja à luz do Diretório de Comunicação* almeja apresentar um percurso que toma o Diretório como bússola, onde poderemos, a partir de um denominador comum, adotar procedimentos diversos para que a Pascom cumpra seu papel de ser uma instância capaz de empreender uma gestão comunicativa em sua globalidade e complexidade, mas que se desdobra em projetos simples e exequíveis em nosso dia a dia de comunicadores cristãos.

Vimos enfatizando que as mídias se constituem em vetor majoritário para a dinâmica das sociedades de nosso tempo. Princípio que se mantém e que não para de nos interpelar. Assim, é preciso responder aos desafios mais prementes impostos ao anúncio da Boa-Nova.

Mais do que um simples manual (num mundo veloz como o nosso, os manuais caducam e as fórmulas se mostram inoperantes), este livro pretende estabelecer um trajeto possível para que efetivamente consigamos, ao lado de tantas outras publicações importantes (a exemplo dos documentos da Igreja destinados a esse expediente e às produções antes referidas), delimitar o lugar de nossa atuação enquanto agentes de Pascom e firmar o nosso papel de cristãos num mundo "confuso", cheio de informações, mas cioso de parâmetros éticos que reafirmem o humano.

Desse modo, ele está dividido em duas partes que se apoiam mutuamente. A primeira circunscreve-se à configuração da comunicação, enquanto fenômeno humano, que tem como princípio a construção de vínculos, a construção de relações e não apenas de trocas informacionais gerenciadas por uma técnica estéril. Partir dessa concepção faz com que aproximemos a comunicação dos princípios da Igreja, no seu papel de ligar e religar cada um de nós com Deus.

Nesta seção, interessa-nos, especialmente, colocar em relevo, em tom sumário, as etapas pelas quais a comunicação atravessou até chegar a sua fase contemporânea, que carrega traços de tempos passados para delinear a sua fisionomia hoje.

A segunda parte, um desdobramento da primeira, almeja discutir os conceitos, diretrizes e práticas do campo de atuação da Pascom, considerando o acúmulo histórico sobre o qual as diversas tendências ganharam legitimidade. Tal acúmulo é rico em experiências e indicação de repostas para que a Igreja no Brasil adote estratégias e ferramentas comunicativas em sintonia com o tempo presente. Nessa rica dinâmica, sobressai-se o papel da educomunicação, como um campo de conhecimento propício para que tenhamos um papel proativo na sociedade à luz da mediação tecnológica.

Assim ordenado, este livro é lançado com o objetivo de dar impulso renovado aos saberes e fazeres da Pastoral da Comunicação no Brasil, num exercício de diálogo com os presbíteros, diáconos, religiosas e religiosos, agentes de pastoral, comunicadores, leigos, a fim de construirmos uma rede ativa, teórica e tecnicamente qualificada, eticamente comprometida e espiritualmente fortalecida em prol do anúncio da Boa-Nova.

*As autoras*

Esta seção tem como propósito apresentar a cena comunicativa de que o homem é protagonista, levando em conta sua definição e seus principais desdobramentos históricos, bem como a importância de tais desdobramentos para o agente da Pascom. Sendo comunicação, espera-se que a Pascom se fundamente sobre o novelo histórico que legou aos processos comunicativos um universo multifacetado de atuação.

Considerando a inevitabilidade da comunicação, são apresentados seus elementos constitutivos, os modelos em que se ancorou para a efetivação das trocas sociais, as formas possíveis de sua realização, os meios e processos implicados no fazer comunicativo.

# Na trilha da história: a comunicação que nos constitui

> O primeiro areópago dos tempos modernos é o mundo das comunicações que está unificando a humanidade, transformando-a como se costuma dizer na "aldeia global". Os meios de comunicação social alcançam tamanha importância que são para muitos o principal instrumento de informação e formação, de guia e inspiração dos comportamentos individuais, familiares e sociais (*Redemptoris Missio*, n. 37).

# Nossos passos vêm de longe: a comunicação e seus desdobramentos ao longo da história

Historicamente, a comunicação se institui quando nos tornamos humanos, criaturas de Deus. Antes disso, o próprio Deus utiliza-se da comunicação para criar o universo. Portanto, comunicar é um ato fundante que atravessa uma trilha histórica abrangente. E o Diretório nos aponta para esta reflexão.

Na criação do homem e da mulher e de todos os seres, Deus revelou-se como autor e comunicador da vida na sua expressão mais ampla e profunda. O Criador revela-se à humanidade e comunica seu projeto de amor para o primeiro homem e a primeira mulher, conferindo-lhes a missão de serem colaboradores e continuadores do projeto da criação. Portanto, comunicação é dom de Deus, é relação que se estabelece entre o Criador e suas criaturas.[1]

Quando falamos em comunicação, costumamos nos remeter aos sistemas modernos da mídia, aos processos contemporâneos da troca. Esquecemo-nos, no mais das vezes, de que ela, a comunicação, nos constitui em nossa humanidade. E a Igreja reconhece a comunicação, em seu percurso, não só em suas reflexões e práticas, mas em seus documentos, como aponta o Diretório de Comunicação.

---

[1] Concílio Vaticano II, *Gaudium et Spes*, n. 34.

A Igreja acolhe os meios de comunicação social como dons de Deus, na medida em que criam laços de solidariedade, de justiça e de fraternidade entre os homens. Por isso, a Igreja considera importante marcar presença ativa nos processos e meios de comunicação social. "Seria impossível, hoje em dia, cumprir o mandato de Cristo, sem utilizar as vantagens oferecidas por esses meios que permitem levar a mensagem a um número muito superior de homens. O Concílio Ecumênico Vaticano II exorta os católicos a que, 'sem demora, usem os meios de comunicação social, nas diversas formas de apostolado'".

É imprescindível que a Igreja se faça presente nos novos areópagos e crie espaços de encontro e diálogo em vista da evangelização.[2]

Portanto, a comunicação, sem sombras de dúvidas, é um recurso tecnológico que utilizamos para firmar a sociabilidade. Um rápido percurso sobre a evolução do homem ao longo da história nos permitirá observar o caráter ancestral da comunicação.

Vimos enfatizando que é um grande equívoco entender o fenômeno comunicacional somente pelo crivo dos *meios*. Presenciamos, assustadoramente, a modernização vertiginosa da comunicação, facilitada pelos dispositivos técnicos. Temos a imprensa, o cinema, o rádio, a TV, os celulares, *palmtops* e a tão falada rede mundial de computadores (internet), mídias sociais com todas as suas modalidades de expressão (blogs, Twitter, conversas instan-

---

[2] Diretório de Comunicação da Igreja no Brasil, 2014, artigo 155.

tâneas, como WhatsApp), fruto de um processo cheio de sinuosidades que se desdobrou ao longo da história humana.

Porém, nesse enfoque está inserida a ideia de que o desenvolvimento tecnológico dos modernos meios criou um problema novo. Esse reducionismo tecnológico subestima toda a história da evolução das organizações sociais, que se deu por meio da comunicação ou das relações de comunicação que encontram, nas novas tecnologias, formas de expandir a função de comunicar-se, que é essencial e inerente à natureza social do homem. Tudo isso é resultado do desenrolar do homem no mundo.

Desde os primatas, até os dias atuais, a tecnologia avançou a passos largos. A comunicação foi desdobrando-se no decurso da história. Foi e continua sendo o viés mais importante da evolução humana e fez o grande diferencial entre o ontem e o hoje. Será e continua sendo a mola propulsora entre o hoje e o amanhã. É uma grande força promissora que contribui para o futuro da humanidade.

Como sabemos, desde os primórdios, os homens sentiram a necessidade de se comunicar. Assim, ao longo da história, nos seus diversos períodos, houve uma evolução lenta mas continua da humanidade no sentido da comunicação.

## Onde tudo começou

No tempo das cavernas, o homem se comunicava por meio de grunhidos. Várias foram as formas usadas como "meios de comunicação" no processo da história da humanidade. Certamente, quando, num certo momento deste indeterminado passado, um indivíduo aprendeu a fazer uso de um objeto natural ou a fabricar utensílios e, em seguida, a transmitir o seu potencial ou a técnica de sua feitura a seus descendentes. Instaurou-se, assim, o ato cultural inaugural presidido pela primeira manifestação da comunicação humana.

Mediante gestos, gritos e pulos, o homem criou modalidades comunicativas para formar uma coletividade, visto que ele não poderia viver na solidão. Também com frequência usava meios alternativos, como balbuciar e gritar. Ao longo do tempo, esse grunhido se modificou. Por meio das convenções linguísticas, o homem estabeleceu signos e significados. Com códigos comuns e definidos, o grande desafio na comunicação era o alcance da mensagem. Tribos indígenas utilizavam tambores para transmitir códigos sonoros e informar aos demais grupos espalhados na região que ali existia um grupo desejoso de integração.

Não podemos esquecer o fogo como código visual para a comunicação a distância, o qual marcou o início da comunicação através de imagem. As civilizações também contaram com a ajuda de mensageiros e de pombos, que eram encarregados de levar pessoalmente as mensagens, sendo responsáveis pelo envio de notícias a imperadores, nobres e abastados.

O homem passou, então, a desenvolver meios que possibilitassem maior alcance e maior rapidez na transmissão das mensagens.

De gestos e palavras, a comunicação atingiria, posteriormente, o universo dos ícones, placas, símbolos, música, arte e escrita. A palavra é uma conquista inaudita na história da comunicação.

É evidente que o homem é um animal mais político do que as abelhas ou qualquer outro ser gregário. A natureza [...] não faz nada em vão, e o homem é o único animal que tem o dom da palavra. E mesmo que a mera voz sirva para nada mais do que uma indicação de prazer ou de dor, e seja encontrada em outros animais [...] o poder da palavra tende a expor o conveniente e o inconveniente, assim como o justo e o injusto...[3]

O homem possui uma particularidade que o distingue: a vivência em sociedade. Essa particularidade fez com que ele procurasse sair da solidão e desbravasse novas terras e formasse comunidades. Do homem das cavernas até o *homo sapiens* ou *homo videns* (estágio em que nos relacionamos por meio das telas), um longo tempo foi percorrido, sendo a comunicação uma variável importante para os incessantes desdobramentos dessa história.

Com esses desdobramentos, temos uma história da comunicação que é também a história dos meios técnicos. Além dos sons, grunhidos e da palavra, como vimos, o homem também se comunica por meio de instrumentos tecnológicos, tais como a imprensa, o cinema, o rádio, a televisão e a internet, que passaram a ter na vida social uma importância inegável. E, como podemos perceber nesta rápida trajetória de comunicação da huma-

---

[3] Marques de Mello, 2003, p. 15.

nidade, o Diretório pode ser referência de estudo e reflexão neste sentido. A cultura da mídia exerce uma influência cada vez mais direta sobre as pessoas e suas relações. A extraordinária quantidade de informações e de possibilidades de entretenimento que os meios de comunicação oferecem, "apresentam-se como fatores de proximidade e de comunhão". "Graças a eles, notícias e conhecimentos de toda a ordem circulam continuamente por toda a terra, permitindo aos homens seguir muito mais ativamente a vida do mundo de hoje."[4]

A imprensa inaugura uma fase importante na comunicação humana, pois uma infinidade de conteúdos passou a ser registrada para, posteriormente, ser socializada, o que influenciou diretamente as formas de construção e difusão do saber. Os meios eletrônicos, como o rádio, o cinema e a televisão, no final do século XIX e meados do século XX, marcaram a época do audiovisual, com imagens e sons que moldaram o imaginário contemporâneo. Narrativas ficcionais e reais começaram a fazer parte do cotidiano de milhares de pessoas no mundo. A era da internet inaugurou um novo tempo, em que a velocidade, a instantaneidade e a interatividade passaram a ser o traço essencial das trocas comunicativas.

As redes sociais são a síntese mais bem-acabada de um processo comunicacional que conecta a todos, de forma pessoal, subjetiva e livre de um centro emissor.

---

[4] Diretório de Comunicação da Igreja no Brasil, 2014, artigo 139.

Atento a essa trajetória, o Diretório de Comunicação, no Capítulo VI, "A Igreja e a mídia", apresenta o conjunto de expressões midiáticas, como: imprensa, cinema, rádio, televisão e internet. Contempla, também, a arte, como a pintura, a escultura, a música e o teatro, demonstrando o quanto tais expressões configuraram as sociedades e reorientaram as políticas da Igreja destinadas à comunicação, mantendo sempre um olhar crítico e propondo um ingresso no universo das mídias, orientado pelos princípios que a norteiam.

Sob esta ótica, o Diretório de Comunicação diz que,

o compromisso da Igreja no mundo da mídia, tão plural de opiniões e posições, não se esgota no discernimento e na formação. Hoje, "a mídia, que dá acesso direto à informação, suprime a distância do espaço e do tempo, mas, fundamentalmente, transforma a maneira de perceber as coisas: a realidade cede lugar àquilo que é exibido por esses meios. Por isso, a repetição contínua de informações selecionadas se torna um fator determinante na criação daquela que passa a ser considerada opinião pública". Diante do poder da mídia de influenciar a opinião pública, a Igreja percebe, por um lado, a urgência de dotar-se de seus próprios veículos e, por outro, a necessidade de estabelecer diálogo com os meios de comunicação não católicos.[5]

Esse percurso nos permite avaliar que a história da comunicação passou por estágios relacionados com os diversos significantes e suportes que dinamizam as práticas de sentido. Física,

---

[5] Ibid., artigo 142.

emocional e socialmente, o humano é dotado para e chamado a relacionar-se ou a comunicar-se. À medida que se comunica, o homem se descobre, descobre o mundo, o outro, cria códigos, estabelece hierarquia. Ou seja, define-se como pessoa. Não há humano (*antropos*) sem comunicação. A história do homem é uma história de comunicação.

Podemos elencar, resumidamente, à luz do que foi mencionado, o caminho da comunicação humana em seus diversos estágios:

*Estágio da comunicação não verbal:* diz respeito à experiência primária do homem, momento em que o sistema linguístico ainda não tinha surgido como forma acabada de comunicação. Neste estágio, a experiência sonora (tambor) e a simbólica (sinais como fogo, fumaça, tinta) são as principais correias de transmissão e comunicação.

*Estágio da comunicação oral:* códigos que expressam sensações e sentimentos até atingir a refinada cadeia linguística que conhecemos hoje. O desenvolvimento das línguas permitiu ao homem atingir uma das formas mais sofisticadas de comunicação e expressão.

*Estágio da comunicação escrita:* começou com o pictograma (representação gráfica de ideias através de desenhos), passou pelo papiro (escrito a partir do material da planta), pelo pergaminho (no couro), até chegar ao papel (descoberto na China há mais de 10 séculos, chegando à Europa só no século XII).

Um estágio moderno da comunicação humana é a descoberta da tipografia (por Gutenberg, em 1445), há 500 anos. Isso significou multiplicação e barateamento dos escritos. Tem-se, assim, estabelecida a era da impressão com o invento de Gutenberg, que modificou a forma como desenvolvemos e preservamos nossa cultura. A Igreja, a elite, os escribas e eruditos perdem o monopólio, antes exclusivo, e a difusão da alfabetização, a contestação do poder da Igreja Católica, o início da organização das empresas de comunicação, a indústria livresca e a imprensa (jornais e revistas) passam a ser as principais reivindicações da época.

*Estágio da comunicação de massa:* inicia-se no século XIX, com os jornais impressos, e ganha força com o aparecimento das mídias eletrônicas. A comunicação de massa é aquela destinada ao grande público, atingindo o ápice com o surgimento do cinema, rádio e televisão, o que pôde criar uma indústria cultural, tão discutida e avaliada no século XX.

*Estágio da comunicação informática e multimídia:* surge com a popularização dos computadores no uso cotidiano. Este estágio corresponde a momentos recentes da nossa história, em que o computador ainda está transformando a sociedade, da mesma forma como os outros meios transformaram as outras eras. O termo multimídia indica a utilização integrada das antigas e novas tecnologias para a realização da comunicação. Atualmente, utilizamos as diversas linguagens em um único suporte (som, imagem, escrita).

A utilização de recursos multimídia surge da intenção de tornar a comunicação mais completa, pois o interesse das pessoas é um importante fator no sucesso da comunicação, assim como a coesão e a coerência da informação. Desse modo, pode-se dizer que a utilização de recursos multimídia deve ser aplicada com técnicas e cuidados, visando a bons resultados para os sujeitos da comunicação. A gravação de sons e de imagens, tornada acessível a todos, graças à técnica moderna, fornece novas linguagens e novos *media*, na aurora do quarto episódio da sua história. As mídias individuais, os também conhecidos *self-media*, oferecem uma era nova: da comunicação individual.

Nesse universo abundante de novos meios e múltiplas possibilidades de comunicação, é preciso que os agentes de pastoral reconheçam que

> estas tecnologias são um verdadeiro dom para a humanidade: por isso devemos fazer com que as vantagens que oferecem sejam postas a serviço de todos os seres humanos e de todas as comunidades, sobretudo de quem está necessitado e vulnerável.[6]

De fato, o poço onde a comunicação sacia sua sede é infindável. A cada instante, anuncia-se a criação de novas tecnologias. Esse cenário vem suscitando estudos, pesquisas e avaliações sobre tal fenômeno, que nos assusta, nos encanta e nos seduz. Muito se estuda sobre as origens da comunicação, e a maneira

---

[6] Papa Bento XVI. Mensagem para o 43º Dia Mundial das Comunicações Sociais.

mais natural de se entender o processo evolutivo da comunicação é analisar a evolução humana.

É importante ter presente que, apesar de abordarmos separadamente a evolução dos elementos da comunicação e a evolução humana, estas ocorrem de maneira paralela e encadeada. Os agentes destas mudanças são o emissor e o receptor, ou seja, nós, seres humanos.

Pelo que aqui apresentamos, é possível notar que a história da comunicação é cumulativa: com o surgimento de um novo meio, emerge uma nova linguagem e, no decurso dos tempos, esse novo meio passa a conviver com os outros já existentes, aumentando e ampliando a capacidade de comunicação entre os homens: "Desde que o homem adquiriu a linguagem... ele próprio determinou as modalidades da sua evolução biológica, sem disso ter, necessariamente, consciência" (Lévi-Strauss). O que era verdade para a linguagem verbal é verdade para todas as outras formas de linguagem.

Esses estágios correspondem a modos específicos de construção da linguagem que modelam as eras históricas. Cada episódio é caracterizado pela utilização de novas formas de comunicação, que transformam a sociedade e constituem uma nova modalidade do comunicar.

É fundamental que estejamos atentos a essas novas modalidades, a fim de que haja uma mais efetiva atuação da Pascom, que exige sempre submersão na cultura na qual está imersa.

# Comunicação:
# pluralidade de vozes e de perspectivas

Todo ser vivo se comunica, porém, a comunicação entre os seres humanos é distinta e tem sua especificidade. O ser humano é, por natureza, um ser comunicacional, mas as formas e esferas para ele se comunicar são diversas e complementares. Da mesma maneira, os códigos dessa comunicação são específicos, mas diversos e mutáveis, por isso, nem sempre de fácil compreensão.

É nesta dimensão que o campo da comunicação se amplia e podemos dizer que sua compreensão se associa a tantas outras palavras que, de tão pronunciadas, viram moda, tornam-se expediente obrigatório para explicar os fenômenos sociais, dilatam-se infinitamente, são inflacionadas por múltiplos sentidos, têm o poder de recobrir a tudo, ou quase tudo. Às vezes, de tão utilizadas, acabam perdendo os traços de sua composição originária.

Parece que o termo comunicação padece desse problema. Incontestavelmente, predomina um agigantamento do universo comunicacional. Na dita sociedade da informação e do conhecimento, tudo ou quase tudo parece se explicar pela chave da comunicação, o que não deixa de ser verdade.

Mas será que estamos atentos, enquanto sujeitos construtores da Igreja no Brasil, às concepções e conceitos em voga, considerando que são eles os responsáveis pela ordenação do fluxo comunicacional no mundo? A esta provocação, poderíamos prontamente responder: "Mas que pergunta simples e fácil! Todos nós sabemos o que é comunicação". Desse saber, supomos, as respostas são variadas: "comunicar é transmitir informações", diriam alguns, "é estabelecer relações", afirmariam outros e, assim, uma cadeia sucessiva de possibilidades se formaria.

No entanto, se observarmos, a comunicação está em quase tudo que fazemos. A partir da hora em que acordamos até a hora em que retornamos ao nosso descanso noturno, realizamos inúmeros atos de comunicação conosco, com as pessoas e com tudo o que nos cerca. A comunicação faz parte da vida do ser humano, ela é elemento constitutivo de nossa condição humana.

De fato, são várias as funções que a comunicação exerce em nossa vida e na sociedade. Ela protagoniza vários serviços, sem os quais o dinamismo do presente seria praticamente impossível. Vejamos os principais deles:

*Propagação:* pelo seu caráter de transmissão de informações, a comunicação tem como uma das tarefas divulgar os acontecimentos do mundo. Sem ela, ficaríamos sem o acesso a temas importantes que afetam não só a nossa vida, mas a da nossa comunidade e de todo o planeta. Essa é apenas uma das faces da comunicação e não sua unidade global, como veremos adiante.

*Rapidez:* por força dos recursos tecnológicos, a comunicação hoje é veloz, podendo ser partilhada por uma comunidade abrangente em tempo real. Segundo o pesquisador da comunicação Eugenio Trivinho, hoje temos que desenvolver a capacidade de sermos dromoaptos, ou seja, de sermos velozes, de acompanharmos o movimento frenético do mundo. Disso dá testemunho a solicitação constante da cultura da conexão, em que celulares inteligentes nos interpelam continuamente para nos manter vinculados na velocidade da luz.

*Diminuição dos espaços:* essa rapidez da comunicação instaura uma nova cultura em que tudo se conecta, e faz com que tenhamos o mundo em "nossas mãos", ou seja, que a distância entre os espaços seja cada vez menor e, em alguns casos, abolida.

*Partilha do saber:* em um contexto marcado pela velocidade e pela diminuição dos espaços, somos pensados como gestores da informação. Usando novamente o exemplo dos celulares, hoje somos partícipes de uma cultura participativa, "onde cada um conta e todos colaboram, portanto, uma cultura integrativa".[1]

*Mobilização:* o poder de mobilização da comunicação foi se adensando com as mídias em seu conjunto e ganhou notoriedade mais expressa com a ascensão das redes sociais. Em poucos cliques, podemos mobilizar as pessoas em torno de um tema e fazer com que emitam suas opiniões e participem efetivamente do processo em curso. Muitas vezes, infelizmente, presenciamos a exacerbação dessa mobilização por meio de provocações

---

[1] Santaella, 2013, p. 316.

antiéticas e desrespeitosas, sem argumentos fundamentados. A mobilização é fundamental para a mudança no jogo social e político, mas deve se dar a partir do diálogo e do vínculo, como veremos a seguir com a explanação dos conceitos de comunicação que nos orientam enquanto agentes da Pascom.

*Envolvimento:* toda comunicação supõe envolvimento. Ela nos provoca, nos enreda numa rede de relações. Se isso não acontecer, é porque não houve comunicação, mas apenas transmissão de informações. É fundamental que os agentes da Pascom considerem o envolvimento como um requisito básico de toda a dinâmica comunicativa.

## Mas, afinal, o que é comunicação?

Como vimos, a comunicação engloba um conjunto extenso de práticas, o que significa que ela possui uma gama variada de conceitos. De instância fundadora da sociedade à instância transmissora de informações, desenha-se um amplo arco. O que importa é não perdermos de vista a sua raiz etimológica que nos coloca numa trilha importante para liberar os eventos comunicacionais do seu reducionismo técnico. Inegavelmente, a comunicação possui uma dimensão técnica, mas seu sentido primeiro tem a ver com vinculação, com o pôr em comum. Vamos encontrar o sentido da comunicação no Diretório, quando diz que:

> A palavra comunicação provém do latim *com-munus*, aquilo que é compartilhado, ou seja, um dom pessoal ofertado a outro ou

um dever de todos para com todos. Ela é a ação que favorece a partilha de um dom ou dever recíproco entre os membros de uma sociedade. A comunicação tem como objetivo primordial criar comunhão, estabelecer vínculos de relações, promover o bem comum, o serviço e o diálogo na comunidade. Não se comunicam apenas ideias e informações, mas, "em última instância, a pessoa comunica-se a si mesma". Sem essa ação, não há nem comunhão nem comunidade.[2]

Por que é fundamental um retorno aos conceitos? Porque, como frisamos, deles derivam as cláusulas que nos orientam nas práticas cotidianas. É de extrema importância destacarmos essa dimensão da comunicação, para que ela não seja reduzida a meios e técnicas, simplesmente, como bem demonstra o trecho que inicia este capítulo, extraído do Diretório da Comunicação. Efetivamente, sabermos que a cultura das mídias hoje é formada pelos artefatos tecnológicos, não significa que devamos reduzi-la apenas a sua feição instrumental.

Esse é um ponto de partida para a concepção da Pascom. E é com este espírito que o agente da Pascom atua quando convidado a assumir a comunicação na Igreja. Ele precisa reajustar-se perante o espírito do tempo, para cada vez mais responder aos apelos da sociedade contemporânea, a saber, para manejar as linguagens e signos tecnológicos, pois, a Pastoral da Comunicação não se deve orientar apenas pela supremacia dos meios. Sem

---

[2] Diretório de Comunicação da Igreja no Brasil, 2014, artigo 13.

deixar de considerá-los importantes, tem de tomar as relações sociais como centrais nessa dinâmica.

Podemos encontrar um dos princípios fundadores que ordena essa Pastoral no Diretório de Comunicação, quando diz que a

comunicação diz respeito aos processos de construção simbólica que possibilitam a interação pessoal e a organização social. Não se trata de mera transmissão de mensagens, mas sim de ressignificação constante do mundo. Comunicando-se, as pessoas interagem com a realidade e, a partir dela, dialogam com o mundo que as cerca, por meio de todas as linguagens e tecnologias que se aperfeiçoam a cada dia, buscando dar sentido ao mundo e à sua existência. As ações comunicativas permeiam todo o tecido social em suas interações na família, no trabalho, no lazer, na comunidade, na escola, na Igreja, permitindo ao ser humano sua afirmação como pessoa ativa em uma sociedade em mudanças.[3]

Sem sombra de dúvidas, o comunicador cristão pode e deve falar a linguagem das mídias, mas com um diferencial: que a ações comunicativas permeiem o tecido social em suas interações na família, no trabalho, no lazer, na comunidade, na escola, na Igreja, permitindo ao ser humano sua afirmação como pessoa ativa em uma sociedade em constantes mudanças. Ele precisa colocar-se nesses espaços e abrir os horizontes, privilegiando a ética, as relações, o capital humano, a promoção do bem comum,

---

[3] Ibid., artigo 12.

que devem ser valores inegociáveis para uma gestão comunicativa em consonância com a Boa-Nova de Jesus Cristo.

## Comunicar não é informar

Considerando o que nos orienta, o Diretório de Comunicação e as pesquisas consolidadas na área, vimos que a comunicação é um termo abrangente que não pode ser reduzido ao conjunto de técnicas ou transmissão, que se caracteriza pela informação.

Segundo um dos principais teóricos da comunicação no mundo, Dominique Wolton, a comunicação é SER, isto é, busca identidade e autonomia; é também FAZER, ou seja, reconhece a importância do outro, vai ao encontro dele. A comunicação é também AGIR, mobiliza-nos e nos envolve, como já vimos, para atuarmos no mundo, de modo a construirmos os laços que nos vinculam enquanto seres humanos e sociedade.

Para o pesquisador e teórico Ciro Marcondes Filho, a comunicação não é simplesmente informação, transmissão, passagem de algo a outro, deslocamento, transferência, como se fosse um objeto que alguém pegasse de um lado e o pusesse em outro, como se faz com as peças de um jogo; como se fosse possível retirar uma ideia, uma sensação, uma impressão, um sentimento de uma pessoa e incutir na cabeça de outra.

Wolton enfatiza também que a comunicação, em contrapartida, supõe um processo de apropriação. Comunicação, portanto, não é apenas produzir informação e distribuí-la, mas também estar atento às condições em que o receptor a recebe, aceita, recusa, remodela, em função de seu horizonte cultural, político e filosófico, e como responde a ela. A comunicação é sempre um processo mais complexo que a informação, pois se trata de um encontro com um retorno, com o outro e, portanto, com um risco. Transmitir não é sinônimo de comunicar.

O que o conceito de comunicação nos aponta? Que precisamos ir além da dimensão técnica, que precisamos enxergar a comunicação na sua dimensão mais profunda e ampla, que é comunhão, vínculo, relação, como vimos no conceito etimológico. E o Diretório nos introduz nessa interatividade com tudo o que nos cerca, porque "'Não somos frutos do acaso. Fazemos parte de uma história, que se desenrola sob o olhar amoroso de Deus'. Esse olhar perpassa toda a sua ação na História da Salvação, em um processo contínuo de comunicação".[4]

Tal conceito nos põe na trilha para alcançarmos a verdadeira comunicação com Deus, conosco, com o próximo e com o mundo que nos cerca. Portanto, não esqueça: a comunicação cria comunhão, estabelece vínculos de relações, promove o bem comum, o serviço e o diálogo na comunidade.

---

[4] Ibid., artigo 37.

# Mas, afinal, o que é informação?

Qualquer que seja seu suporte, a informação permanece ligada à mensagem. Informar é produzir e distribuir mensagens, dados, o mais livremente possível. A informação está ligada à transmissão de algo, mediante um canal, sobre um meio qualquer, por intermédio de um veículo ou outra pessoa: transmito essa informação, esses dados para o outro. Está ligada a sistemas, a máquinas. É uma unidade mínima do conhecimento que não supõe necessariamente vínculo e relação. São dados transmitidos entre pessoas, organismos e máquinas, sem que a comunhão seja o elemento principal. Informar diz respeito a um processo técnico de divulgação, um dos elementos do comunicar, mas que não se completa no diálogo com o outro.

Portanto, devemos fixar: informar é transmitir, é veicular, é divulgar, é noticiar.

Não estamos pondo em dúvida a importância da informação. Inegavelmente, ela se tornou uma moeda importante que circula nas culturas modernas, sendo a responsável pela denominação "sociedade do conhecimento". No entanto, sem a comunhão e o vínculo, portanto, sem a comunicação, os processos informativos reduzem-se somente à transmissão de saberes.

O Diretório de Comunicação nos alerta para o nosso papel no contexto em que vivemos, no sentido de compreender profundamente as pessoas e a sociedade na qual se vive e se atua é condição essencial para o êxito de toda ação evangelizadora. Essa compreensão passa necessariamente pelo entendimento do "mundo de hoje, sujeito a rápidas mudanças e agitado por questões de grande relevância para a vida da fé", relacionadas com as novas práticas socioculturais e os avanços tecnológicos em torno da informação, da comunicação e do fenômeno midiático. Nesse novo tempo, a comunicação, dos meios analógicos aos digitais, faz-se presente em "todos os espaços e todas as conversas, introduzindo-se também na intimidade do lar", gerando o que se denomina hoje de sociedade midiática. Trata-se, na verdade, de uma perspectiva que deve perceber a comunicação para além dos meios e dos aparatos de informação, reafirmando o ser humano como um ser de relação e, por isso, de comunhão, parte de uma comunidade.[5]

Desse modo, como nos orienta o Diretório, não podemos perder de vista que:

*Meios:* são técnicas, instrumentos, ferramentas que utilizamos para informar, comunicar. Essas técnicas referem-se às chamadas mídias de massa, que permitem o acesso plural e simultâneo às mensagens produzidas.

*Mediações* (processos): fazemos uso constante de ferramentas simbólicas e técnicas, como: fala, pensamentos, artefatos tecnológicos, para nos comunicar com o outro. O termo mediação sugere o significado de ponte, de intermediário, de elo entre

---
[5] Ibid., artigo 11.

as partes. É um processo que se mostra fundamental na construção de sentidos entre atores sociais.

E o Diretório de Comunicação vem explicitar de forma sucinta e clara este conceito.

Comunicação diz respeito aos processos de construção simbólica que possibilitam a interação pessoal e a organização social. Não se trata de mera transmissão de mensagens, mas de ressignificação constante do mundo. Comunicando-se, as pessoas interagem com a realidade e, a partir dela, dialogam com o mundo que as cerca, por meio de todas as linguagens e tecnologias que se aperfeiçoam a cada dia, buscando dar sentido ao mundo e à sua existência. As ações comunicativas permeiam todo o tecido social em suas interações na família, no trabalho, no lazer, na comunidade, na escola, na Igreja, permitindo ao ser humano sua afirmação como pessoa ativa em uma sociedade em mudanças.[6]

## Midiatização (meios)

A sociedade é midiatizada na medida em que a cultura, a lógica e as atividades da mídia atingem todas as práticas sociais, embora de modos específicos, com linguagens próprias de cada meio.

A midiatização não deve ser confundida com o conceito mais amplo de mediação, que se exerce via ferramentas técnicas ou por processos humanos. Ela diz respeito ao processo de media-

---

[6] Ibid., artigo 12.

ção via meios. A televisão, o rádio, a internet e outras ferramentas respondem ao processo de midiatização.

## Comunicação e a dinâmica de seus elementos

Como vimos no capítulo anterior, a comunicação engloba uma definição ampla que nos garante acesso à humanidade e à sociabilidade. A sua estrutura é garantida pela dinâmica dos elementos que a compõem, de modo que completam o ciclo para que a comunicação não seja apenas uma forma de transmissão. Ao comunicarmos, precisamos cultivar os vínculos que se dão no diálogo entre os sujeitos que interagem na cena das trocas, simples ou complexas.

Nesse processo, devemos considerar o outro na sua totalidade, só assim estaremos em relação. Devemos estar vinculados com o outro no processo comunicativo, que é a essência de toda ação cristã, que se dá pela escuta, pela relação.

Vamos nos apoiar no Diretório de Comunicação, quando diz que, um importante aspecto da caridade a ser exercitado é a escuta, que se institui como serviço e modalidade de comunicação. "Os comunicadores devem aprender a conhecer as necessidades reais das pessoas, serem informados de suas lutas e conquistas; devem saber apresentar todas as formas de comunicação com aquela sensibilidade que a dignidade da pessoa exige". Esse é um princípio que funda a alteridade, a capacidade de se pôr no lugar do outro e, portanto, de estabelecer profunda e íntima comunicação com o próximo. A comunidade e a paróquia são locais por excelência da caridade pastoral e, por isso, centros de comunicação encarnada, concreta, onde a caridade não é apenas filantropia, mas vivência radical do Evangelho.[7]

Nesse processo, o ser humano, nos seus infinitos modos de comunicar, estabelece relações a partir da troca transferencial que vai e vem de um polo a outro do processo da comunicação, numa dinâmica de fala e de escuta, conforme a figura a seguir ilustra.

Figura 1. A troca transferencial da comunicação.

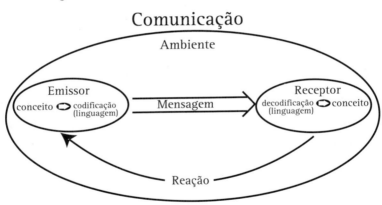

Assim, podemos dizer que os componentes da comunicação são: o produtor (antigo emissor), o consumidor (antigo receptor), as informações (antes designadas como mensagens), o suporte

---

[7] Ibid., artigo 30.

(concebidos como canal de propagação nos primórdios), a resposta (*feedback*), a interatividade (partilha de ambas as partes – produtor e consumidor – no processo comunicativo). Vejamos a descrição sumária de cada um desses elementos:

*Produtor* (emissor): é um dos responsáveis por dinamizar a comunicação, toma a iniciativa na exata medida em que é interpelado pelo consumidor de informações. Na chamada era das mídias de difusão (imprensa, rádio e televisão), o emissor tinha um poder inegável, se não estivesse aberto ao diálogo, à escuta, poderia correr o risco de se tornar o dono da palavra. Hoje, na era das mídias de conexão (*smartphones*, computadores), esse posicionamento é mais difícil. No entanto, o que garante a interatividade não é apenas a técnica; ela é, sem dúvida, um elemento que favorece a comunicação dialógica, mas a predisposição para a escuta e a partilha é o que garante o vínculo profundo. Oportunamente, o Diretório assinala que "as mídias digitais abriram caminhos para o encontro e o diálogo entre as pessoas de diferentes países, culturas e religiões".[8]

*Consumidor* (receptor): é quem interage com o produtor das informações e, no processo de partilhas, torna-se também um sujeito que ativamente produz e veicula. O consumidor deve ser ativo, gerar novo processo de comunicação, a partir do diálogo com o interlocutor (emissor). Não é à toa que está em voga

---

[8] Ibid., artigo 175.

a figura do *prossumer* (produtor e consumidor de informações, concomitantemente) no cenário fluido do circuito comunicativo.

*Informação* (mensagem): como já vimos, informação diz respeito a dados, conteúdos, transmissão de mensagem, é o pensamento ou a ideia que produtores e consumidores pretendem pôr em cena. Em contextos sociais diferenciados, deve-se levar em conta o capital cultural do grupo a quem a informação se destina. O agente da Pascom não pode, sob nenhuma hipótese, desprezar o capital cultural dos sujeitos a quem se destina, pois dele depende as formas de ordenação da ação comunicativa vigente.

*Suporte* (meio): é o canal mediante o qual produtores e consumidores transmitem a informação. O meio pode ser a fala, os sinais, as expressões artísticas, a televisão, o rádio, as cartas, a internet, a música, entre outros. É fundamental que a Pastoral da Comunicação avalie quais os meios mais adequados para comunicar a Boa-Nova. Tal avaliação mostra-se estratégica, pois evita que sejamos servos das inovações tecnológicas sem que façamos a devida análise de sua adaptação à cultura da comunidade em que estamos inseridos.

*Reação* (*feedback*): é uma etapa importante do processo da comunicação, pois diz respeito ao retorno daquilo que foi emitido. É característica do período de difusão, ou seja, da imprensa, cinema, rádio e televisão, em que as respostas do público não eram em tempo real e imediatas. Programas como "Você Decide" e alguns *reality shows* como "Big Brother Brasil" exercem o *feedback*, isto é, retornamos ao programa sem que estejamos em tempo real com os produtores da informação.

*Interatividade:* ao passo que o *feedback* constitui um retorno, sem que seja preciso uma instantaneidade na resposta, a interatividade se compõe por respostas instantâneas. Interagir é reagir à comunicação no momento em que ela ocorre. A cultura da conexão permite que exerçamos a interatividade: a internet e seus aplicativos favorecem trocas em tempo real, num processo mútuo de reciprocidades, em que produtores e consumidores se alternam em seus papéis.

Reiterando, esses elementos da comunicação só poderão realmente favorecer o diálogo e a comunhão se, para além das facilidades da técnica, estivermos prontos para o encontro com o outro, para a construção de relações. Uma cultura do encontro só é possível se atendermos ao chamado do Papa Francisco, que nos pede que sejamos "servidores da comunhão e promotores da cultura do encontro, a única capaz de construir um mundo mais justo e fraterno, um mundo melhor".[9] Ela "requer que estejamos dispostos não só a dar, mas também a receber de outros. Os meios de comunicação podem ajudar-nos nisso, especialmente nos nossos dias em que as redes da comunicação humana atingiram progressos sem precedentes".[10]

---

[9] Papa Francisco. Mensagem para o 48º Dia Mundial do Migrante e do Refugiado, 2014.
[10] Ibid.

O desafio hoje é descobrir e transmitir a "mística" de viver juntos, misturar-nos, encontrar-nos, dar o braço, apoiar-nos, participar nesta maré um pouco caótica que pode transformar-se em uma verdadeira experiência de fraternidade, em uma caravana solidária, em uma peregrinação sagrada. Assim, as maiores possibilidades de comunicação traduzir-se-ão em novas oportunidades de encontro e solidariedade entre todos.[11]

---

[11] Diretório de Comunicação da Igreja no Brasil, 2014, artigo 33.

# Modelos de comunicação

Como dissemos, a comunicação faz parte da constituição do homem enquanto sujeito de relações. Com ela e por ela, expressamos nossas formas de ser e de estar no mundo e tecemos laços sociais com os nossos semelhantes. É neste sentido que "A comunicação, como ato social e vital, nasce com o próprio homem"[1] e nos confere o estatuto de humanos que se relacionam, se comunicam, porque dotados do dom de comunicar. Mais do que um recurso para a troca social, ela constitui um direito que nos distingue com relação aos demais animais.

A depender do papel e posição dos sujeitos, o processo comunicativo pode ser linear (vertical e monológico) ou circular (horizontal, interativo e dialógico).

## Comunicação horizontal, vertical

Este modelo de comunicação se caracteriza por ser autoritário. Supõe um processo estanque em que o emissor é senhor da palavra, favorece hierarquias cristalizadas, não suscita o diálogo. Os dois sujeitos da comunicação estão em posições assimétricas, marcadas pela sujeição e pelo poder. Num extremo está quem fala, dono do discurso competente, do outro, está quem escuta

[1] Conclusões da Conferência de Puebla, 2001, artigo 1064.

passivamente, sem interagir. Na comunicação horizontal, vertical não há retorno. É um tipo de comunicação hoje quase em desuso, considerando que a infinidade de recursos tecnológicos que temos ao nosso dispor suscita a interatividade e o diálogo. O esquema a seguir ilustra a dinâmica estanque da comunicação horizontal, vertical.

Figura 2. Comunicação horizontal, vertical.

Emissor ➡ Mensagem ➡ Código ➡ Meio ➡ Receptor ➡ Feedback

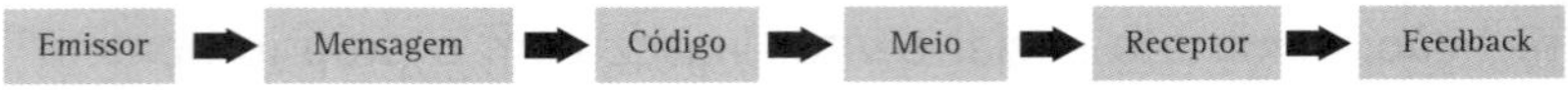

## Comunicação dialógica, interativa, circular

Neste modelo, vamos encontrar uma comunicação democrática que põe em exercício uma comunicação aberta ao diálogo, à escuta, favorecendo o trabalho em rede e a autonomia dos sujeitos da comunicação. Caracteriza-se por uma relação de interatividade, de diálogo e circular entre os elementos da comunicação. Suscita compreensão, amor, partilha, conforme escreveu o Papa Francisco em sua Mensagem para o 48º Dia Mundial das Comunicações:

> Então, como pode a comunicação estar a serviço de uma autêntica cultura do encontro? E – para nós, discípulos do Senhor – que significa, segundo o Evangelho, encontrar uma pessoa? Como é possível, apesar de todas as nossas limitações e pecados, ser verdadeiramente próximos dos outros? Essas perguntas resumem-se naquela que, um dia,

um escriba – isto é, um comunicador – fez a Jesus: "E quem é o meu próximo?".[2,3]

Essa pergunta nos coloca na trilha certa da vivência do Evangelho, ajuda-nos a compreender a comunicação em termos de proximidade. Poderíamos traduzi-la assim: Como se manifesta a "proximidade" no uso dos meios de comunicação e no novo ambiente criado pelas tecnologias digitais? Vamos encontrar a resposta na parábola do bom samaritano, que é também uma parábola do comunicador.

Na realidade, quem comunica faz-se próximo. E o bom samaritano não só se fez próximo, mas cuidou do homem que encontrou quase morto ao lado da estrada. Na comunicação dialógica, o consumidor também é ativo, quer ser encontrado, escutado, posto que participa de forma dinâmica da argumentação.

É nesse sentido que na cultura da conexão somos levados a compartilhar, a interagir com o outro, porque encontramos alguém que interage conosco, por meio de ferramentas que nos conectam com o mundo. É preciso aproveitarmos o benefício das técnicas para cultivarmos a cultura do encontro e da comunhão.

---

[2] Mensagem do Papa Francisco para o 48º Dia Mundial das Comunicações.
[3] Lc 10,29.

Figura 3. Dinâmica da comunicação dialógica.

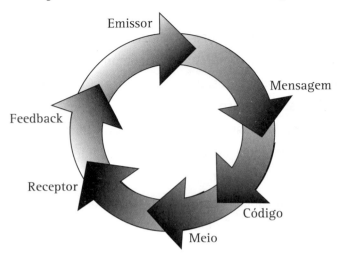

A noção de comunhão, de vínculo, nos coloca na trilha do efetivo exercício da comunicação dialógica, que deve ser o alicerce da Pastoral da Comunicação. Retomando o esquema primário da comunicação (emissor – mensagem – receptor), podemos, assim, compreender que manter relações, dialógicas, interativas, é sempre estabelecer trocas com o outro, com o próximo. Geralmente, costumamos ver os sujeitos da comunicação, enquanto produtores e consumidores, como entidades estanques, em que um transmite e o outro recebe a informação (a mensagem).

O primeiro modelo de comunicação proposto aqui, *horizontal*, *vertical*, coloca o produtor e o consumidor em posições assimétricas. O produtor é ativo, tem a iniciativa, produz e estimula o receptor a consumir, a acolher a mensagem. O consumidor é passivo, é atingido pelo estímulo e reage a ele de forma tranquila, inerte. Há, segundo esse modelo, uma relação de causa e efeito entre o produtor e o consumidor, e a informação causa um impacto observável e suscetível de ser avaliado. O processo de comunicação pode, após essa avaliação, ser revisto e ajustado ao consumidor para o alcance do "efeito desejado". O consumidor é, portanto, um indivíduo atomizado e participa de um processo mecânico fundamentado na ideia de que comunicação é transmissão de informações, é fazer chegar a informação de um polo a outro.

Essa concepção é partidária da ideia de que a comunicação é realizada a partir de uma seta que parte do produtor e chega ao consumidor por um meio. O *feedback*, ou seja, a volta da seta do consumidor para o produtor, orienta o produtor para ajustes no meio para que a mensagem chegue conforme as suas expectativas. Essa concepção provoca a confusão entre o sentido do processo e as práticas de comunicação com a significação da informação.

O segundo modelo de comunicação apresentado anteriormente, *dialógica, interativa, circular,* é aquele ao qual a Pascom se filia porque provoca comunhão, interação, participação. Este modelo rompe a estrutura de setas de "ida e volta". É o modelo dito "simplificado", pois compreende a comunicação como encontro entre os polos que, aqui, não são entendidos como opostos. As setas, de fato, partem sucessivamente de ambos os polos e se encontram, isto porque não há predomínio de um sobre o outro.

Essa perspectiva procura a interação entre emissor e receptor, própria do encontro de partes que negociam o significado da mensagem. O emissor e o receptor das mensagens existem, mas ambos são enunciadores e enunciatários, indivíduos e sujeitos, posto que cada uma das partes, a seu tempo, apropria-se de discursos que circulam em seu meio, reelabora-os e, então, cria os seus próprios discursos. Não há relação de poder entre produtor e consumidor.

Comunicação como interação é entendida como complexa e articulada com a vida cotidiana. Nesse sentido, constitui-se um conjunto de processos, e não um único, por envolver, ante a globalização, múltiplas e fragmentadas mediações multilocalizadas, que produzem significações e adquirem sentidos para públicos específicos, pois o público não é uma massa homogênea com comportamento constante.

Essas considerações confirmam a ideia primeira de comunicação como *comunhão*, partilha. A Pastoral da Comunicação alicerça-se, assim, em pilares em que o processo da comunicação é interativo e dialógico, tecido a partir da contribuição de todos, conforme considera o pensamento da Igreja, expresso nas suas várias reflexões. É nesta perspectiva que o Diretório de Comunicação nos propõe a Trindade como modelo de comunicação dialógica que se realiza na doação recíproca entre as três Pessoas Divinas.

O profundo e íntimo vínculo da Trindade é descrito no Novo Testamento como uma relação de conhecimento profundo, no sentido de experiência de comunicação e comunhão, que, todavia, não permanece fechada na impenetrabilidade de um céu distante, mas é revelada aos pequenos pela encarnação do Filho. A fé cristã nos recorda que a união fraterna entre os seres humanos encontra a sua fonte e modelo no altíssimo mistério da eterna comunhão trinitária do Pai e do Filho e do Espírito Santo, unidos em uma única vida divina. Na Trindade, a Igreja torna-se sinal e exemplo de comunicação, sacramento e mistério de comunhão para a humanidade.[4]

Assim, o esquema aparentemente estanque da comunicação ganha dinamismo, conforme demonstra a figura a seguir:

Figura 4. O processo interativo da comunicação.

Produtor – Informação – Consumidor

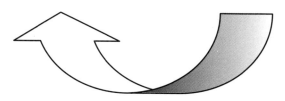

O esquema básico da comunicação alicerça-se, como vimos, em três categorias: produtor, informação e consumidor. É fun-

---

[4] Diretório de Comunicação da Igreja no Brasil, 2014, artigo 40.

damental que o exercício pastoral da Igreja tenha presente que essa troca deve ser feita a partir da noção radical de vínculo, pois é com base nela que se realiza a mediação, a comunicação de um polo a outro do processo de relações, como demonstrado no gráfico. Dessa forma, a noção de comunhão, de vínculo, nos coloca na trilha do efetivo exercício da comunicação dialógica.

Recapitulamos que a comunhão, o vínculo, enquanto ato de comunicação, é também um ato de amor, conforme as palavras do filósofo Karl Jasper. Para este pensador, é só o amor que nos possibilita ver o rosto do outro, ver o rosto do Cristo. Enxergar o outro é o princípio básico de todo diálogo e comunhão. É a condição essencial do exercício da alteridade, ou seja, da consciência de que eu sou só com o outro. Ser com o outro é a base das trocas interativas. De acordo com o Diretório,

> A comunicação, em sua natureza e manifestação, é a expressão do amor maior. Comunicar por meio das palavras, dos gestos, das atitudes e utilizando as mais modernas tecnologias torna o comunicador o mensageiro do amor de Deus a todas as pessoas indistintamente. Por intermédio do amor que acolhe, que rompe barreiras sociais e raciais, que supera divisões políticas e econômicas, que congrega pessoas de diferentes crenças, a comunicação amorosa liga-se intimamente à comunicação misericordiosa. A mensagem da comunicação chega ao coração das pessoas quando estas se percebem acolhidas e amadas.[5]

---

[5] Ibid., artigo 38.

Assim, o sentido bíblico de comunhão significa a comum participação de muitos numa única possibilidade de bem. Este contexto provoca relações consistentes e compromissos comunitários. Assim, o universo da dinâmica da comunhão e participação precisa fazer parte da vida e das ações da Pastoral da Comunicação, por meio do amor que acolhe, rompe barreiras para que o Reino de Deus aconteça na vida das pessoas.

# Formas de comunicação

A comunicação circular ou dialógica pode ser exercida de diferentes maneiras. Ela se propõe a vivenciar uma infinidade de maneiras de se comunicar. Por exemplo: duas pessoas tendo uma conversa face a face, ou através de gestos com as mãos, ou mensagens enviadas utilizando a rede global de telecomunicações, ou, ainda, a fala, a escrita, que permitem interagir com as outras pessoas e efetuar algum tipo de troca informacional.

Lembramos que o processo de comunicação depende de algum tipo de aparato técnico que intermedeie os locutores. Nesta dimensão o Diretório vai apontar algumas formas de comunicação mediada.

> Não apenas a palavra, mas também o silêncio é comunicação. Nele, o comunicador encontra a fonte do seu processo criativo. Na experiência do silêncio, a pessoa encontra Deus e o significado profundo da sua Palavra. São João, no seu Evangelho, diz que "no início existia a Palavra, e a Palavra estava com Deus, e a Palavra era Deus". No silêncio, a Palavra é gerada, transmitida e comunicada na sua grandeza e totalidade. Silêncio e Palavra são caminhos para a Evangelização, ou melhor, constituem um único caminho, em que Deus é o autor, origem, companheiro de caminhada, meta e porto seguro de toda a existência humana.[1]

---

[1] Diretório de Comunicação da Igreja no Brasil, 2014, artigo 58.

Portanto, silêncio e Palavra são elementos fundantes da comunicação que o Diretório propõe aos comunicadores. Vamos indicar para o estudo e reflexão algumas formas de comunicação que podem ser vivenciadas na ação evangelizadora.

*Comunicação intrapessoal:* é a comunicação da pessoa com si mesma e com seu ambiente físico, psíquico, cultural e espiritual. É o diálogo da pessoa com seu íntimo, sua consciência. A comunicação intrapessoal é importante, pois só por meio dela a pessoa chega a uma consciência crítica, a uma revisão de vida, a uma mudança de crescimento. É o exercício básico para o conhecimento de si e do outro, portanto, é condição essencial para o exercício da comunhão.

Jesus Cristo nos deixou um grande ensinamento de como a comunicação intrapessoal pode nos conduzir ao encontro com nós mesmos, com Deus e com o outro. Leiamos atentamente o trecho do Diretório que ilustra a força da comunicação intrapessoal.

Diante de situações decisivas de sua missão, Jesus procurava o silêncio e o recolhimento. Ele vai ao deserto antes do início de sua vida pública, reza para escolher os seus discípulos, coloca-se em recolhimento quando toma consigo Pedro, João e Tiago para subir ao monte para rezar. É na experiência da Palavra acolhida no silêncio que o comunicador encontra sua fonte, sua expressão mais profunda e sua mensagem comunicativa, eficiente e verdadeira.[2]

Nesta perspectiva, o Papa Bento XVI publica, para o 46º Dia Mundial das Comunicações de 2012, a mensagem com o tema "Silêncio e Palavra: caminho de evangelização".

---

[2] Ibid., artigo 59.

O silêncio ao qual o papa se refere não é algo vazio, mas, como ele mesmo diz, "é parte integrante da comunicação". Entendemos que a comunicação é um ato interno e um ato externo, como elementos que se integram. Nesse sentido, o papa enfoca o sentido antropológico da comunicação, quando se considera a pessoa humana na comunicação, embora a realidade nos conduza a pensar que a comunicação é sempre um ato externo. Os indicativos do papa nos encaminham para o cerne da comunicação que nos capacita a uma comunicação fecunda. E no silêncio, escutamo-nos e conhecemo-nos melhor, nasce e aprofunda-se o pensamento, compreendemos com maior clareza o que queremos dizer ou aquilo que ouvimos do outro, discernimos como exprimir-nos. Calando, permite-se à outra pessoa que fale e exprima a si mesma, e permite-nos não ficarmos presos, por falta da adequada confrontação, às nossas palavras e ideias. Desse modo abre-se um espaço de escuta recíproca e torna-se possível uma relação humana mais plena.[3]

*Comunicação interpessoal:* é a conversa entre pessoas, o diálogo, que pode ser face a face, a distância (carta, telefone), verbal (falada ou escrita) e não verbal (gestos, desenhos, sons, silêncio). É uma das formas mais usuais da comunicação cotidiana e é capaz de promover relações de proximidade, de diálogo, de compreensão do outro. Uma vez conhecedores de nós mesmos, o diálogo com o outro deve se dar com base na solidariedade e fraternidade.

---

[3] Bento XVI. Mensagem para o 46º Dia Mundial das Comunicações de 2012.

Entender o próximo não significa apenas querer o que ele deseja do ponto de vista das necessidades mais imediatas (a comunicação comercial – de massa – e as mídias digitais exploram a noção de audiência pensando no lucro), mas, fundamentalmente, representa vincular-se a ele no seu mais profundo íntimo para que a comunicação seja efetivamente plena.

O sucesso na comunicação não depende só da forma como a mensagem é transmitida, mas a sinergia de compreensão e a capacidade de escuta envolvem o ato, o momento em que estamos comunicando algo a alguém.

Vamos fazer uma leitura atenta, sobre este aspecto no Diretório de Comunicação, e destacar alguns pontos que nos convocam para ações concretas na nossa vida.

A natureza do ser humano compreende a subjetividade pessoal e relacional. Por isso, é preciso reconhecer a individualidade da pessoa e, ao mesmo tempo, a necessidade de integrar-se com os outros. Nesse processo comunicativo, é importante desenvolver a capacidade de criar comunhão, fortalecer o senso de pertença a uma sociedade, com vínculos profundos com a cultura, a história, as origens, os valores e a sociedade da qual a pessoa faz parte. A pessoa é sujeito da liberdade e, consequentemente, responsável pelos seus atos.[4]

Com a parábola do bom samaritano, proposta pelo Papa Francisco para o 48º Dia Mundial das Comunicações, vamos perceber

---

[4] Diretório de Comunicação da Igreja no Brasil, 2014, artigo 112.

que "Jesus inverte a perspectiva". "Não se trata de reconhecer o outro como um semelhante meu, mas da minha capacidade de me fazer semelhante ao outro." Fazer-me próximo é ir além do mero reconhecimento indiferente ou tolerante do outro. É *"fazer--me semelhante* ao outro".

O maior desafio de qualquer processo comunicativo não é apenas reconhecer o outro na sua diferença – mas aceitá-lo e amá-lo *nessa diferença*. É reconhecer que *somos iguais na diferença*, e por isso nos "aproximamos", criamos "proximidade", nos fazemos próximos e nos comunicamos.

*Comunicação grupal:* é a comunicação entre várias pessoas que acontece, por exemplo, em encontros ou reuniões em que todos os presentes participam do diálogo, sendo emissores e receptores. Supõe-se que na comunicação todos têm direito à voz. É o modo mais apropriado e eficaz da ação pastoral, se constitui, no mais das vezes, em um espaço formador da consciência crítica e do senso de responsabilidade comum, atributos que, se compartidos com todos, poderá elevar a qualidade da discussão.

A Pastoral da Comunicação deve apoiar-se na comunicação grupal como forma de construir sua ação com base nos princípios comunitários, partilhados por uma coletividade.

*Comunicação comunitária:* é o tipo de comunicação que mantém vivo os laços de união e participação das pessoas em projetos comuns, cria "consciência comunitária" e torna mais estreitas as relações. Maior que o grupo da comunidade, é o grupo de pessoas que vive numa mesma região e que comunga dos mesmos ideais, e exige formas de comunicação que possam construir relações e aproximar toda uma comunidade das ações da Igreja por meio do fluxo comunicacional em que todos participam e interagem.

*Comunicação social:* o acréscimo do adjetivo social à palavra comunicação demonstra que, para além dos indivíduos, a comunicação se realiza na sociedade, com grande público. O Concílio Ecumênico Vaticano II foi o responsável por atribuir à comunicação o seu caráter social, visto que os grandes conglomerados tendiam a vê-la apenas do ponto de vista comercial. É preciso considerar a comunicação como valor da sociedade, portanto, um bem de todos, a serviço da partilha, da ética e do encontro.

*Comunicação individualizada:* a mídia passou por uma mudança de paradigma: da lógica da radiodifusão, que predominou durante todo o século XX, experimentamos uma fase em que o controle sobre a produção e a distribuição já não depende dos grandes conglomerados, permitindo o engajamento efetivo das audiências. Todos somos consumidores e produtores de informações, segundo vimos anteriormente, e tal dinâmica vem mudando o modo de a comunicação se estruturar. O velho modelo um-para-todos (sistema de mídia transmitida para grandes audiências) subverteu-se, e diversos arranjos tornaram-se possíveis: um-para-um, todos-para-um. Somos, ao mesmo tempo, produtores e consumidores de informações, daí a figura do *prossumer* tão propalada pelo mercado e pelos teóricos da comunicação.

Ter o discernimento e a vivência dos modelos e tipos da comunicação é tarefa imprescindível para os agentes pastorais, pois é por meio deles que a comunicação ganha sentido e se materializa de acordo com os princípios e orientações individuais e grupais. Uma comunicação dialógica, base da Pastoral da Comunicação, dependerá, assim, dos papéis que cada um exerce na rede comunicativa da Igreja.

Somos impelidos a pensar no ecossistema comunicativo (que não é apenas um acúmulo de técnicas), a partir das múltiplas formas de comunicar, com o compromisso ético de que a comunicação deve estar a serviço do bem comum e da construção de relações.

Nessa perspectiva, o Diretório de Comunicação apresenta o capítulo VII, sobre Igreja e mídias digitais. Aqui estamos propondo a leitura do artigo 106, relativo ao tema: o processo de comunicação é uma teia vasta e complexa de relações entre as pessoas e seus ambientes natural e tecnológico, formando um ecossistema no qual tudo se conecta e se integra, pois

> essa ambiência exige uma atitude ética, pois comunicar é estar em relação contínua e em comunhão. Cada pessoa, consciente do dom e da responsabilidade pessoal e comunitária de viver e crescer nessa rede global, é chamada a uma atitude contínua de cuidado e de compromisso consigo e com tudo o que faz parte dessa ambiência comunicativa.[5]

Todo cristão é chamado a fazer a comunicação individualizada com a Palavra para ajudar a humanidade a compreender

---

[5] Ibid., artigo 106.

o sentido profundo da rede no projeto de Deus, não como um instrumento a ser usado, mas como um ambiente a ser habitado. O Papa Bento XVI publicou, em sua Mensagem para o 47º Dia Mundial das Comunicações, o tema: "Redes sociais: portais de verdade e de fé; novos espaços de evangelização". Para o papa este é um dos grandes desafios que as redes sociais têm de enfrentar, é o de serem verdadeiramente abrangentes: então se beneficiarão da plena participação dos fiéis que desejam partilhar a mensagem de Jesus e os valores da dignidade humana que a sua doutrina promove. Na realidade, os fiéis dão-se conta cada vez mais de que, se a Boa-Nova não for dada a conhecer também no ambiente digital, poderá ficar fora do alcance da experiência de muitos que consideram importante este espaço existencial. O ambiente digital não é um mundo paralelo ou puramente virtual, mas faz parte da realidade cotidiana de muitas pessoas, especialmente dos mais jovens. As redes sociais são o fruto da interação humana, mas, por sua vez, dão formas novas às dinâmicas da comunicação que criam relações: por isso uma solícita compreensão por este ambiente é o pré-requisito para uma presença significativa dentro do mesmo.[6]

É com este espírito e com esta perspectiva que a Pastoral da Comunicação se filia, para anunciar a Boa-Nova de Jesus Cristo na cultura digital.

---

[6] Mensagem do Papa Bento XVI para o 47º Dia Mundial da Comunicação.

Esse é um item nuclear deste livro, onde procuramos apresentar parâmetros e diretrizes para a Pascom na Igreja. Tal como na primeira parte, aqui é feito, à guisa de introdução, um breve percurso histórico desta Pastoral, refletindo sobre seus limites e possibilidades, apontando alguns desafios a serem superados, propondo uma forma de atuação em consonância com o Diretório da Comunicação, com outros documentos da Igreja e com as práticas vivenciadas pelos agentes da Pascom. Além de ser apresentado o perfil do comunicador pastoral, arrolando modelos de projetos para uma boa e qualificada atuação da Pascom nas comunidades.

# A dinâmica da Pascom, segundo a ótica do Diretório de Comunicação

A Igreja viria a se sentir culpada diante do Senhor, se não lançasse mão destes meios potentes que a inteligência humana torna cada dia mais aperfeiçoados
(*Evangelli Nuntiandi*, n. 45).

# Comunicação na Igreja: a atuação da Pascom

A comunicação como experiência de vida representa o primeiro degrau da compreensão do que sejam as relações de comunicação na perspectiva evangélica. Nessa dimensão, a ação evangelizadora da Igreja entende que o processo de comunicação está centrado no relacionamento pessoal e comunitário, antes de pensá-lo como conjunto de meios de informação.

Trata-se, na verdade, de uma perspectiva que assume a comunicação para além dos aparatos dos meios e que vem substituir o costumeiro deslumbramento diante das tecnologias, pela reafirmação do ser humano como um ser de relações, na comunidade e pela comunidade. Estes espaços de relações acontecem no cotidiano das pessoas, especialmente: na família, na Igreja, na escola, na paróquia, no ambiente de trabalho e na própria mídia.

É aqui que se situa a Pastoral da Comunicação, com uma atuação que vai incidir na vida das pessoas, das comunidades e da sociedade, não apenas trabalhando com as novas tecnologias, criativas e rápidas, mas gerando um novo modo de ser, de pensar, de criar processos, modos de produção e de vida.

É preciso pensar a Pastoral da Comunicação como uma pastoral que necessita de dar respostas às pessoas, à missão da Igreja à luz da Palavra de Deus, da Eucaristia, dos documentos da Igreja e da cultura gerada pelas tecnologias.

É com este espírito que o Diretório de Comunicação da Igreja no Brasil nos convida a redesenhar as mediações contemporâneas perante a cultura midiática. Não podemos ficar alheios às formas de vida social que se fazem e se desafazem por meio dos componentes da comunicação. Tal redesenho requer uma Pascom estruturada, consistente e atenta às mudanças do seu tempo.

Assim nos introduz o Diretório de Comunicação reafirmando que a Pascom estrutura-se a partir dos documentos da Igreja, dos estudos e pesquisas na área da comunicação e das práticas comunicativas vividas e experienciadas pelas comunidades e grupos, convertendo-se em um eixo transversal de todas as pastorais da Igreja. Para que a comunicação encontre espaços para anunciar a todos a Boa-Nova de Jesus Cristo, é necessário que a Pascom ocupe um lugar específico de atuação na vida eclesial, que lhe permita irradiar as ações próprias do campo da comunicação com sentido pastoral.[1]

Como assinalou o Diretório,[2] a Pascom supõe um lugar específico na Igreja para que possa provocar um processo dinâmico,

---

[1] Diretório de Comunicação da Igreja no Brasil, 2014, artigo 244.

[2] Ricardo Costa Alvarenga, *Novos rumos da comunicação católica brasileira: o processo de construção do Diretório de Comunicação da Igreja no Brasil*, 2014, São Luís, Faculdade Estácio de São Luís. A primeira pesquisa científica sobre o Diretório de Comunicação da Igreja no Brasil foi realizada por Ricardo Alvarenga, e, em seu texto de análise do Diretório, ele aponta que esse documento sugere, essencialmente, três novos rumos para a comunicação católica brasileira. O primeiro deles é

dialógico, interativo e multidirecional nas ações eclesiais e na dinâmica da sociedade. Este é um dos requisitos básicos para a consolidação da Pascom, que vem favorecer as ações do campo da comunicação e da evangelização da Igreja para responder aos anseios, à cultura do homem contemporâneo.

Faz-se necessário pensar a comunicação em sua totalidade: sua definição, seus modos de ordenação, as técnicas e os processos de relações, num esforço de chamar a atenção para o fato de não ser possível organizar a Pascom sem levar em conta todo esse patrimônio do universo comunicativo, como estudos, pesquisas, documentos e práticas comunicativas vividas e experienciadas pelas comunidades e grupos.

No entanto, antes de pensarmos na abrangência da Pascom, enquanto estrutura, organização e seus desdobramentos, somos convidados a fazer uma reflexão, embora breve e sucinta, sobre os documentos da Igreja relativos à comunicação. Este percurso histórico sobre os principais documentos da Igreja concernentes à comunicação anseia suscitar a leitura, o estudo e a prática destes documentos, indispensáveis para os agentes que atuam nas fronteiras da Pascom.

---

a disseminação da cultura de educação para os meios, o segundo, a integração e interseção das diversas iniciativas de comunicação da Igreja e, por último, o desenvolvimento da Pastoral da Comunicação no país. "Anteriormente, a Pastoral não possuía documento oficial da Igreja, com tantas orientações sobre sua ação e atuação. Agora, com essa publicação, as atividades e a presença dessa iniciativa, tem ainda mais possibilidade de se desenvolver e crescer."

# Olhar o passado com foco no presente e no futuro

Embora não exista registro que precise o surgimento da Pascom, algumas anotações históricas servem para estabelecer percursos, mesmo que descontínuos desta pastoral.

Nos inícios do Cristianismo, os primeiros cristãos vivenciavam a prática comunicativa centrada na comunidade e nas relações. Neste processo de relacionamento, acreditava-se que, mediante a vivência da fé, da fraternidade e da comunhão recíproca, o Cristianismo iria expandir-se e a fé atingiria os confins do universo. Este modelo de práticas distinguia os cristãos das demais comunidades, que diziam: "Vede como se amam", sobretudo, quando perseguidos ou conduzidos ao martírio. Os primeiros cristãos foram, sem dúvida, exemplos e modelos que testemunharam em suas comunidades a vivência da comunicação dialógica, circular, modelo fundamental e indispensável para os agentes da Pastoral da Comunicação.

Segundo Frei Romeu Dale, a Pastoral da Comunicação esteve presente na história da Igreja desde os primórdios do Cristianismo, a partir do momento em que os apóstolos e seus imediatos sucessores perceberam que não era suficiente anunciar a Boa-Nova a todos com as formas e meios que possuíam. Fazia-se necessária a definição de novas modalidades comunicativas para melhor anunciar a Palavra de Deus.

No entanto, com a expansão do Cristianismo e o surgimento dos meios de comunicação que se iam consolidando no seio da humanidade, como: imprensa, cinema, rádio e televisão, a Igreja se posicionou e publicou documentos[3] relativos a cada meio. Muitos pesquisadores dedicaram seu tempo para analisar a postura da Igreja em relação à comunicação. Entre eles, vamos encontrar "Erico Baragli, que, após exaustivo levantamento, conseguiu identificar 87 documentos oficiais sobre a comunicação na Igreja, produzidos nos 1.500 anos que separam a época apostólica da descoberta de Gutemberg".[4] Com a publicação destes documentos, a Igreja demonstrava que estava preocupada com a vida dos fiéis e suas práticas cristãs, sobretudo em relação à comunicação.

Segundo registros históricos, o primeiro grande meio de comunicação de massa foi a imprensa, por volta de 1400, na Alemanha, por João Gutenberg. É importante perceber que, até então, o saber era reservado aos letrados, aos príncipes, reis e à Igreja. Com a invenção da imprensa, o saber começa a ser socializado e a provocar uma mudança de mentalidade,

---

[3] Os documentos da Igreja apresentam-se com diferentes nomes, de acordo com seus propósitos. Por exemplo, "encíclica" é uma carta do papa dirigida a todas as comunidades de fiéis. Os "decretos" são documentos de significado prático, expondo disposições disciplinares. Diferem das "constituições", que apresentam visões teológicas abrangentes, com verdades doutrinárias. "Declarações" são definições de princípios particulares.

[4] Ismar de Oliveira Soares, *Do Santo Ofício à libertação*, São Paulo, Paulinas, 1988.

favorecendo o surgimento de uma nova cultura. Para a Igreja, esta nova cultura, estas novas relações, suscitavam certo desconforto, inquietação em relação às publicações impressas. Este contexto leva a Igreja a permanecer atenta, não só com as publicações impressas, mas com cada novo meio de comunicação que surgia ao longo da história da humanidade. E, assim, ela procurava se posicionar com a publicação de documentos oficiais que expressavam seu pensamento sobre os meios de comunicação.

## *Inter Multiplices* (1487)

O Papa Inocêncio VIII, em 1487, publica o primeiro documento da Igreja sobre a imprensa, definindo o pensamento da instituição em relação ao novo meio de comunicação que acabava de surgir no seio da humanidade. No documento, o papa convoca os fiéis a que: "No campo do Senhor deve-se semear apenas aquilo que possa alimentar espiritualmente as almas dos fiéis".[5] Com este pensamento do documento, percebemos a grande preocupação da Igreja para com os fiéis quanto à prática cristã e espiritual. Ficam evidenciados, também, a força e o envolvimento que um meio de comunicação possui. Foi a partir do documento *Inter Multiplices* que a Igreja estabeleceu rigoroso controle sobre os livros impressos.

---

[5] Inocêncio VIII, *Inter Multiplices*, n. 1.

## *Vigilanti Cura*: o cinema em foco (1930)

O Papa Pio XII promulga a primeira carta encíclica sobre os meios de comunicação do século XX, com enfoque específico sobre o cinema. *Vigilanti Cura* não se limita a olhar só os perigos do cinema, mas se coloca numa posição positiva. O documento procura evidenciar os valores e as oportunidades oferecidas por este novo meio de comunicação. A encíclica ressalta a importância do cinema e procura deixar claro os valores e as oportunidades oferecidos por este moderno meio de comunicação. No documento o papa destaca a importância e o poder do cinema dizendo:

> É indiscutível que entre os divertimentos modernos o cinema tomou, nos últimos anos, uma categoria de importância universal.
> 
> É ocioso fazer notar como se contam aos milhões as pessoas que assistem diariamente aos espetáculos cinematográficos, como sempre e em maior número se vão abrindo as salas para tais espetáculos, entre todos os povos desenvolvidos ou em vias de desenvolvimento.[6]

E o Diretório de Comunicação ressalta o apreço da Igreja em relação ao cinema:

> O cinema colabora na educação, na cultura e no lazer, com produções que, muitas vezes, expressam as realidades do cotidiano das pessoas. A Igreja apoia as produções cinematográficas promovidas por empreendedores individuais e associações católicas da área do audiovisual, demonstrando o forte vínculo

---

[6] *Vigilanti Cura*, n. 19.

da Igreja com a linguagem cinematográfica. As produções sobre questões sociais de interesse coletivo, personagens ou temas religiosos devem continuar sendo encorajadas, dando-se atenção especial às novas gerações de produtores.[7]

Neste artigo do Diretório, percebe-se o avanço quanto à compreensão da Igreja em relação aos meios de comunicação, como forma de promover a cultura, o saber e o bem social.

## *Miranda Prorsus* (1957)

A encíclica *Miranda Prorsus* é o segundo documento sobre comunicação promulgado pela Igreja no século XX. *Vigilanti Cura* tem como foco o cinema. No entanto, este documento acrescentou também observações sobre o rádio e a TV. Nota-se que estávamos em um período cuja penetração do rádio e da televisão era inconteste. A década de 1950 foi um período em que a TV se expandiu mundialmente. Inaugurada no Brasil em 1950, passou a desenhar novos contornos ao cenário comunicativo emergente. De fato, o crepúsculo da década de 1950 testemunha uma fase em que os meios eletrônicos atingem uma grande popularidade.

O Papa Pio XII inspirou-se nos ensinamentos de Pio XI, estendendo as responsabilidades da Comissão Pontifícia relacionadas ao cinema para o rádio e a televisão:

Como em muitas outras ocasiões, também neste documento o papa mostra uma grande capacidade de análise e uma postura

---

[7] Diretório de Comunicação da Igreja no Brasil, artigo 162.

positiva com relação aos meios eletrônicos, o seu potencial e as exigências pastorais que deles derivam. Alguns críticos são de opinião que a qualidade deste documento é superior ao Decreto conciliar *Inter Mirifica* e que o seu espírito está bem próximo do espírito da Instrução pastoral *Communio et Progressio* que seria publicada em 1971.[8]

Ressalte-se que a tônica desta carta encíclica é a análise do galopante desenvolvimento dos meios eletrônicos, ponderando sobre suas consequências para o trabalho pastoral da Igreja. *Miranda Prorsus* dá continuidade à *Vigilanti Cura* e lança luz sobre os documentos procedentes, a exemplo do documento do Concílio Ecumênico Vaticano II que expressamente se inspirou na encíclica: "A Igreja Católica acolhe com grande alegria todas as excepcionais invenções técnicas...".[9]

## *Inter Mirifica* (1963)

Considerado um divisor de águas na constelação dos documentos da Igreja sobre comunicação, *Inter Mirifica* tem como marca registrada a inclusão de tópicos norteadores para a ação pastoral da Igreja no campo da comunicação. Nele, foram implementadas algumas diretrizes decisivas para um caminhar comunicativo mais producente.

---

[8] Noemi Dariva, *Comunicação Social na Igreja*, São Paulo, Paulinas, 2003, p. 33.
[9] Ibid., p 34.

Foi durante o Concílio Ecumênico Vaticano II que a Igreja reconheceu que os meios de comunicação podem ser usados para evangelizar. Neste sentido, o documento é claro e preciso quando diz:

A Igreja Católica, fundada por Nosso Senhor Jesus Cristo para levar a salvação a todos os homens, e por isso mesmo obrigada a evangelizar, considera seu dever pregar a mensagem de salvação, servindo-se dos meios de comunicação social.[10]

Portanto, é com o documento *Inter Mirifica* que a Igreja reconhece e confirma que os meios de comunicação são meios de apostolado e devem colocar-se a serviço da ação evangelizadora da Igreja. Os padres conciliares entendiam que era preciso compreender as pessoas e a sociedade na qual a Igreja estava inserida, condição essencial para o êxito de toda a ação evangelizadora. Neste contexto, podemos reconhecer, como dado histórico, que o Concílio Ecumênico Vaticano II foi o primeiro a incluir o tema sobre os meios de comunicação em suas reflexões.

É importante perceber que, antes do Concílio Ecumênico Vaticano II, algumas congregações já se dedicavam, como carisma específico, à missão de evangelizar com os meios de comunicação. Estas iniciativas foram, sem dúvida, um sinal profético na Igreja e contribuíram significativamente para que os meios de comunicação fossem reconhecidos como meios para a evangelização.

---

[10] *Inter Mirifica*, n. 3.

Um dado importante que vamos encontrar no documento é o acréscimo da expressão "comunicação social". Após intensos debates e reflexões, os bispos conciliares passaram a entender que o "social" vai além dos meros instrumentos técnicos e modernos, e inclui, também, todas as outras formas de comunicação humana, a partir da configuração em que elas se estruturam e se exprimem nas várias sociedades e culturas.

Entre as muitas iniciativas sinalizadas pelo documento *Inter Mirifica*, vamos encontrar a criação de um secretariado mundial especializado em meios de comunicação social, a organização da Pastoral da Comunicação e a formação profissional do pessoal eclesiástico, com a colaboração de profissionais e pesquisadores da área, para que pudessem fazer frente aos desafios colocados pela contemporaneidade.

## *Communio et Progressio* (1971)

Avaliada como a instrução que mais soube salientar os aspectos positivos dos meios de comunicação, *Communio et Progressio* se distancia ainda mais de uma posição moralista e procura pôr em relevo como os meios de comunicação contribuem para o progresso da humanidade. Mais do que se voltar para os direitos e deveres da Igreja, traço comum dos documentos anteriores, esta instrução procura enfocar a responsabilidade pessoal de cada um para com os destinos desse desenvolvimento.

Essa instrução é considerada a Magna Carta da comunicação na Igreja. Ela se caracterizada por uma aproximação positiva entre a comunicação, a Igreja e os profissionais da área.

Em seus objetivos e conteúdos gerais, propõe que

a comunhão e o progresso da convivência humana sejam fins primordiais da comunicação social e dos meios que emprega, como sejam: a imprensa, o cinema, o rádio e a televisão. Com o desenvolvimento técnico destes meios, aumenta a facilidade com que maior número de pessoas e cada um em particular pode ter acesso a eles; aumenta, também, o grau de penetração e influência na mentalidade e comportamento das mesmas pessoas.[11]

## *Aetatis Novae* (1992)

Ao longo de 20 anos, que vai de 1971 a 1992, período em que as mídias sociais digitais provocam a passagem da era analógica para a era digital, a Igreja silenciou no sentido de publicações de documentos relativos à comunicação.

Só em 1992, por ocasião da comemoração do aniversário da instrução *Communio et Progressio*, a Igreja rompe o silêncio e publica a Instrução pastoral *Aetatis Novae*. Este documento estimula os pastores e o povo de Deus a aprofundarem o sentido da comunicação e a traduzirem isso em projetos que se possam realizar na Igreja. Recomenda também a criação da Pastoral da Comunicação em regionais, dioceses e paróquias.

---

[11] *Communio et Progressio*, n. 1.

É importante notar que o documento, além de refletir a Pastoral da Comunicação, provoca um novo olhar para os profissionais da comunicação que frequentemente são expostos a pressões psicológicas e particulares provenientes das condições e realidades dos seus trabalhos.

Passaremos, agora, a repassar brevemente os documentos da Igreja na América Latina alusivos à comunicação social. As conferências latino-americanas também foram momentos importantes para se pensar a comunicação e traçar planos de ação regionais, com vistas ao exercício saudável da comunicação.

## Meios especiais de propaganda (1955)

A primeira Conferência Latino-Americana aconteceu no Rio de Janeiro. Foi a conferência inaugural das reuniões latino-americanas, realizada em 1955, cujo principal legado foi a criação da CELAM (Conferência Episcopal Latino-Americana). Entre as sete comissões criadas, a Conferência reservou espaço para a reflexão dos meios de comunicação social, exortando o episcopado de cada país a organizar ao menos um diário católico nacional, e que esse diário fosse agradável para leitura, afinado com a técnica moderna.

## Documento de Medellín (1968)

A segunda Conferência Geral do Episcopado Latino-Americano aconteceu em Medellín. Essa Conferência buscou traçar diretrizes para uma efetiva atuação da Igreja no processo de mudanças da América Latina, baseada no Vaticano II. Esteve em voga a preocupação com a justiça, a paz, a família e a demografia (momento em que há um agigantamento das populações pobres), a educação e a juventude.

Segundo Noemi Dariva, a comunicação também teve lugar nas reflexões da Conferência, que considerou os meios como instrumentos de sensibilização, sustento e guia para uma participação ativa, e como agentes cruciais no processo de transformação, integração e desenvolvimento para a dignidade humana e o crescimento da fé.

O documento de Medellín é enfático ao afirmar que no mundo de hoje a Igreja não pode realizar o seu papel na humanidade, se não fizer uso dos meios de comunicação social. Por decorrência, é necessário ainda, segundo o documento, que a Igreja tenha uma postura pastoral dinâmica.

## *Documento de Puebla (1979)*

A terceira Conferência Geral do Episcopado Latino-Americano aconteceu em Puebla e teve como tema a evangelização no presente e no futuro, com um claro enfoque na dimensão política e social, com vistas à proclamação da dignidade da pessoa humana, dos direitos fundamentais do homem na América Latina. A evangelização é o meio pelo qual o homem pode conseguir a sua emancipação em todos os sentidos.

A evangelização como comunhão e participação, portanto, como comunicação, é o eixo ordenador desta Conferência, cujos principais atores para a realização da pastoral na América Latina são: os centros de comunhão e participação (a família e as comunidades eclesiais), os agentes da obra pastoral e os meios de comunicação. Com a Conferência de Puebla não se têm mais dúvidas de que os meios de comunicação são vistos como evangelizadores.

## Documento de Santo Domingo (1992)

A quarta Conferência do Episcopado Latino-Americano de Santo Domingo teve como tema a nova evangelização, sendo o substrato da quarta reunião da CELAM, que se deteve em renovar o impulso evangelizador da Igreja, realçando o papel de Cristo na ação e na vida do povo latino-americano.

Na trilha da Conferência de Puebla, a reunião de Santo Domingo reitera a função dos meios de comunicação como possibilidades de se chegar à comunhão. Atenta à crescente supremacia das comunicações na vida das pessoas, a Conferência alerta para os perigos da publicidade e da programação televisiva, ressaltando a insuficiência reflexiva e instrumental da Igreja para se posicionar mediante as profundas transformações oriundas, mormente, do campo tecnológico comunicacional.

## *Documentos da CNBB*

Pensando agora em uma perspectiva local, e em consonância com as diretrizes universais e regionais, apresentaremos, em linhas gerais, a posição da Igreja do Brasil quanto à comunicação social, pois, como assinala o Documento da CNBB, n. 38:

A Igreja no Brasil, ante toda essa realidade, encontra-se diante de dois grandes desafios: o primeiro está relacionado com sua atuação e presença nos, pelos e através dos grandes meios de comunicação. O segundo refere-se à utilização dos próprios meios, especialmente à integração e preparação de agentes de pastoral da comunicação.

Foram mais de setenta livros, entre eles e o mais recente, o *Diretório de Comunicação*, todos abrigados na coleção "Documentos da CNBB", destinados a pensar as múltiplas faces da comunicação, tentando enfrentar esses dois desafios de modo a dar respostas pastorais a esta nova realidade.

É fundamental que a Pastoral da Comunicação organize suas ações a partir das diretrizes traçadas pela Igreja nos planos universal (cartas encíclicas e documentos dos Concílios), regional (CELAM) e local (documentos da CNBB), a fim de que os propósitos que lhe deram origem – comunhão, participação, serviços, relações – sejam o motor para a efetiva comunicação de todos e para todos.

Em linhas gerais, estes são os principais documentos da Igreja. Muitos outros foram produzidos em ocasiões diversas, acumulando saber reflexivo importante para a ação pastoral no mundo.

# Novos desdobramentos da história da Pastoral da Comunicação

Nesse percurso, como toda instituição humana, a Pascom recebe novos impulsos decorrentes de um conjunto de ações institucionais e culturais. Entre eles, destacamos: os Encontros Nacionais da Pascom, a aprovação e criação da Comissão Episcopal Pastoral para a Comunicação, a criação da RIIBRA (Rede de Internet da Igreja no Brasil), a aprovação do Diretório de Comunicação e a articulação da Pascom nos regionais mediante encontros realizados pela coordenação nacional.

## Encontros Nacionais da Pascom

Provenientes de demandas de agentes de pastoral e de outros sujeitos reunidos no Mutirão Nacional de Comunicação, em Belém do Pará, em 2007, os Encontros Nacionais surgem a partir de 2008, tendo por meta responder às solicitações relativas à formação dos agentes da Pascom, propostas no Mutirão.

Estes encontros têm como objetivo principal a articulação, a formação e a troca de experiências, a partir das diversas realidades da Pascom, vivenciadas e colocadas em prática nas diversas regiões da Igreja no Brasil.

Os Encontros Nacionais são organizados com uma metodologia específica, contemplando palestras, oficinas, seminários e intercâmbios de experiências vividas e praticadas nas dioceses, paróquias, comunidades e organizações. Durante o evento, são valorizados, também, momentos culturais como shows, cantos, danças. Nesse espaço se privilegia a espiritualidade do comunicador, as celebrações eucarísticas, a adoração ao Santíssimo, o que vem responder aos apelos do Diretório de Comunicação, que diz: "Sem a prática e a vivência da espiritualidade, o comunicador esvazia-se, fragiliza-se como sujeito e torna-se vulnerável às dificuldades que se apresentam ao longo do caminho".[12]

## Trajetória dos Encontros Nacionais da Pascom

O primeiro Encontro Nacional, que aconteceu em 2008, contou com 140 participantes; o segundo, ocorrido em 2010, contou com a participação de 400 inscritos; no terceiro, em 2012, estiveram presentes 600 pessoas, e o quarto se deu em 2014, tendo a participação de mais de 1.000 pessoas. Todos os Encontros Nacionais aconteceram durante o mês de julho, em Aparecida (SP).

A crescente participação nos Encontros demonstra a importância que a Igreja vem dispensando à comunicação e a grande preocupação em capacitar e qualificar os agentes da Pascom. Todos os inscritos são imbuídos do mesmo espírito: fazer dos Encontros Nacionais uma oportunidade para melhorar substantivamente a estrutura da Pastoral da Comunicação nas suas regiões, a partir do contexto da cultura das mídias e da busca por uma sociedade relacional.

---

[12] Diretório de Comunicação da Igreja no Brasil, artigo 253.

# De setor para Comissão Episcopal Pastoral para a Comunicação

Durante a 49ª Assembleia Geral dos Bispos no Brasil, em Aparecida, no ano de 2012, foi instituída a Comissão Episcopal Pastoral para a Comunicação, que deixou de ser um setor da Comissão Episcopal Pastoral para a Educação, Ensino Religioso e Cultura. Essa autonomia conferiu à comunicação na Igreja a legitimidade e o reconhecimento de que possui campo de atuação próprio e ampliou seu leque de ação e política, com possibilidades de realizar projetos mais consistentes, voltados para a ação evangelizadora da Igreja no Brasil no contexto da cultura em que se insere.

Em face do largo alcance do pensar e fazer comunicativo, que coloca para a Igreja novos desafios, fez-se mister a concepção de uma Comissão Episcopal Pastoral para a Comunicação Social com fisionomia própria. Como sabemos, essa área possui um caráter transversal, com incidência em várias áreas. Hoje, já não é mais novidade que o processo comunicacional ocupa lugar de destaque nas principais discussões políticas sobre o presente e o futuro da humanidade. Reserva-se a ela o papel de ser um eixo importante para o equilíbrio das nações, a conquista da igualdade e a construção da democracia. Para a Igreja, pelos consistentes documentos que produziu sobre a comunicação, o tema, igualmente, ocupa lugar de destaque no rol de suas preocupações. Ela, a comunicação, é responsável por instituir um novo processo de relações, dinamizando toda a cultura a partir dos códigos digitais e virtuais a que temos acesso.

Desse modo, a Comissão Episcopal Pastoral para a Comunicação irá suscitar novos olhares e novas práticas para a Pascom na aurora do século XXI.

## RIIBRA (Rede de Informática da Igreja no Brasil)

A RIIBRA, um braço importante da Comissão Episcopal Pastoral para a Comunicação da CNBB, constitui uma rede que dá visibilidade ao trabalho da Igreja no Brasil, pondo em destaque os sujeitos que a constroem cotidianamente com o empenho cristão transformador.

A iniciativa de articular e animar a *web* da Igreja no Brasil é do Pontifício Conselho para as Comunicações, responsável por formular a proposta da implantação da RIIBRA no Brasil, país que se caracteriza singularmente pelas suas dimensões continentais.

A criação da RIIBRA não procura apenas informatizar a Igreja no Brasil, orientando-a para uma performance tecnológica vazia de valores e princípios, mas dotá-la de uma cultura e uma espiritualidade de comunhão. A prioridade da RIIBRA é a conectividade, a veiculação, em tempo real, de informações da Igreja em toda a sua ação pastoral.

A RIIBRA também vem motivando um redesenho das ações da Pascom, na exata medida em que atende ao princípio de mudança a que a Igreja é convidada a se engajar para ter eco na sociedade contemporânea, como vimos assinalando. É sempre bom lembrarmos o que apontamos no início deste livro: a adesão ao mundo digital não é apenas uma resposta vazia à sociedade hipertecnificada, mas, sobretudo, uma decisão política importante, pois: "A Igreja tem convicção de que as mídias digitais não substituem a vida em comunidade e litúrgica presencial, contudo, pode completá-las, atraindo as pessoas para uma experiência mais integral da vida de fé e enriquecendo a vida religiosa dos usuários".[13]

E para o recente documento de comunicação na Igreja do Brasil, o Diretório afirma:

> A Igreja vem investindo esforços para uma presença cada vez mais efetiva na web mediante portais de notícias, sites e blogs, além das mídias sociais digitais, que favorecem a comunicação e comunhão com o povo de Deus e o diálogo com a sociedade. Particularmente a internet pode oferecer maiores possibilidades de encontro e de solidariedade entre todos; e isto é uma coisa boa, é um dom de Deus.[14]

## Diretório de Comunicação da Igreja no Brasil

A aprovação do Diretório de Comunicação representa o amadurecimento de uma trajetória da Igreja no que diz respeito à

---

[13] Pontifício Conselho para as Comunicações Sociais, *Igreja e internet*, n. 5.
[14] Diretório de Comunicação da Igreja no Brasil, artigo 176.

reflexão e à prática da comunicação, dentro e fora do espaço eclesial. Espelha a cultura na qual está imerso: o mundo digital, o tempo da conexão, a era da velocidade e da tecnologia. Procura, desse modo, ajustar-se à condição comunicacional de nosso tempo, sem prescindir dos valores que fundam a Igreja.

Como se sabe, vem de longa data a preocupação da Igreja em avaliar e propor caminhos para uma ação comunicativa que de fato seja dialógica e emancipadora. O Diretório é o documento mais recente sobre comunicação, aprovado durante 83ª Reunião Ordinária do Conselho Permanente, em Brasília, de 11 a 13 de março de 2014. Decorre de uma longa jornada de doze anos de reflexões em torno de um documento que pretende apresentar diretrizes para a comunicação contemporânea, com a contribuição de profissionais e pesquisadores da área e afins. Conforme expresso no próprio documento:

> Em primeiro lugar, o documento destina-se aos responsáveis pela formulação e pela condução das práticas de comunicação nos diferentes âmbitos da vida eclesial e nas relações da Igreja com a sociedade. O texto reúne e disponibiliza referenciais comunicacionais, sociológicos, éticos, políticos, teológicos e pastorais, destinados à reflexão das lideranças da comunidade eclesial e civil, na promoção de uma gestão da comunicação compatível com as necessidades das comunidades e de sua missão evangelizadora. Os conteúdos dos diferentes capítulos servem como base para a formação de sacerdotes, religiosos e leigos, oferecendo elementos para a produção de subsídios

multimidiáticos que, através de uma linguagem simples e apropriada, fortaleçam a Pastoral da Comunicação em todos os seus níveis e projetos.[15]

## Articulação da Pascom nos regionais

A articulação da Pascom nos regionais é outro ponto que se deve pôr em destaque nessa trajetória histórica. Animados pela coordenação nacional, os regionais buscaram dar impulso renovado às ações já existentes, bem como criar novos mecanismos e funções em suas regiões. Esta articulação se estendeu às dioceses, paróquias, comunidades, organizações e novas comunidades, suscitando dinamismo nas ações evangelizadoras da Igreja.

Deve-se considerar a articulação como uma estratégia importante, sem a qual a Pascom não ganha musculatura e não consegue responder à dinâmica da comunicação contemporânea. É preciso ter ânimo necessário para que a ação comunicativa expresse o conjunto heterogêneo das ações presentes na Igreja e na sociedade. Conforme consta no próprio Diretório,

a articulação se propõe a animar e envolver os agentes culturais e pastorais para que conheçam e se comprometam com ações concretas e integradas com os processos e meios de comunicação para o anúncio da Boa-Nova de Jesus Cristo. Uma das formas de articulação são os encontros com profissionais e pesquisadores da área da comunicação, para que contribuam com a reflexão e a atuação mais seguras e precisas na área.[16]

---

[15] Ibid., artigo 5.
[16] Ibid., artigo 251.

Esse percurso é fundamental para percebermos que a Pascom possui uma história densa e sinuosa, plena de legitimidade e com substância para fazer da comunicação uma dimensão imprescindível para construirmos a cultura do encontro e do diálogo, num espírito de comunhão e fraternidade. Não podemos esquecer que pensar e agir desse modo não se faz sem a contribuição fundamental de todos e de cada um.

No Brasil, constata-se, nos últimos anos, um grande incentivo para que, em cada Igreja particular e paróquia, se constitua a Pastoral da Comunicação como estratégia privilegiada da ação evangelizadora. A existência dessa pastoral só é possível graças à colaboração dos leigos presentes nas comunidades que assumem as várias atividades da comunicação, desde o planejamento e gestão, até ações específicas como a acolhida dos fiéis, a redação de notícias para os boletins, o cuidado com os murais, a atualização contínua dos sites, a realização de cursos de comunicação para as comunidades, entre outras atividades relativas à comunicação da Igreja.[17]

# Mas, afinal, o que é Pastoral da Comunicação?

A Pastoral da Comunicação tem sentidos múltiplos, campo de ação ilimitado. No entanto, é importante salientarmos que existe um denominador comum que a caracteriza e possibilita e,

---

[17] Ibid., artigo 138.

assim, ganha uma fisionomia determinada num universo múltiplo de significações.

Como vimos, a Pastoral da Comunicação tem caráter transversal, ou seja, tem como essência acolher as diversas iniciativas da Igreja, divulgá-las, colocar-se a serviço e integrá-las entre si. É a Pastoral que dinamiza a comunidade com seus serviços às demais pastorais, promovendo formação e integrando os grupos, pastorais, movimentos entre si – *em vista da própria comunidade*.

Diante das reflexões até aqui expostas relativas à Pastoral da Comunicação, é necessário ponderarmos sobre os dois binômios: pastoral e comunicação. O Diretório de Comunicação vai nos apontar pistas concretas sobre estes dois termos:

> A expressão "pastoral da comunicação" nasce da conjunção de duas realidades que interagem reciprocamente: comunicação e pastoral. O universo da comunicação abrange as distintas dimensões da realidade humana, enquanto o universo da pastoral envolve a dimensão socioeclesial, relacionada aos diferentes ambientes da Igreja em sua missão de evangelizar.[18]

Tanto a palavra *comunicação* quanto a palavra *pastoral* constituem dois universos que interagem entre si, permeiam campos distintos, no entanto, um complementa o outro. E o Diretório de Comunicação explicita esta realidade e nos coloca diante destes dois universos, como foi visto na citação anterior.

---

[18] Ibid., artigo 244.

Neste artigo do Diretório, observamos que os termos pastoral e comunicação não são justapostos, mas interagem entre si, com características comuns, como a realidade humana com toda a sua dinamicidade, a dimensão social, a evangelização, as relações, a cultura, a linguagem e os meios.

É nesta perspectiva que somos convidados a pensar nos termos: pastoral e comunicação, a fim de entendermos o significado do universo desses dois termos, como um caminho que nos conduz para a compreensão do que é "pastoral da comunicação".

Vamos, num primeiro momento, nos colocar na trilha do universo "pastoral", para percebermos o seu significado.

## O que é Pastoral?

O termo "pastoral" está relacionado à imagem do Bom Pastor (Jo 10,1-21), emblema da história do Povo de Israel. Antes da posse da Palestina, os pastores viviam como seminômades, marginalizados da sociedade, o que fez deles símbolo de liderança e condução de seu povo para a libertação.

Jesus nos revela que ele é o Bom Pastor, embora o adjetivo original faça referência a *aklós*, que pode traduzir-se por "nobre", "formoso", "perfeito", "precioso" e "maravilhoso".

O Senhor era o pastor que tinha conduzido os israelitas de volta à liberdade através do mar Vermelho, tinha-os alimentado no deserto e guiado até a Terra prometida. Havia lhes indicado, nos Dez Mandamentos, o estilo de vida que deveriam seguir para viver e realizar-se plenamente. O Senhor tinha-lhes dado pastores ao longo da sua história para que os guiassem: Moisés, Josué, David, Salomão, os profetas Isaías, Ezequiel, e outros muitos.

Inspiramo-nos na figura do pastor para delinearmos a figura do comunicador na e da Pastoral. Em primeiro lugar, é preciso salientar que Jesus é o exemplo-mor do bom pastor. Somos comunicadores de Cristo: por meio da nossa atividade pastoral, dever-se-ia manifestar o sentido do pastoreio de Cristo. Temos a inescapável missão de dar continuidade ao pastoreio do Senhor. Assim, perguntamo-nos: Quais são os sinais de Cristo Bom Pastor que o Espírito Santo reproduz em cada um de nós? E é o próprio Jesus que nos dá o exemplo de como ser bom pastor.

1. *"O bom pastor dá a sua vida pelas ovelhas."* Jesus pastoreou o seu rebanho doando a vida pelas suas ovelhas. O gesto de dar a vida pelas ovelhas significa gratuidade, não buscar o próprio interesse, mas o da coletividade (já estamos aqui nas fronteiras da comunicação dialógica). A ação de Jesus para com as suas ovelhas foi a de buscar o interesse delas, e não o seu. O pastor, para ser bom, deve ter esta atitude: de forma contrária, vira mercenário. Jesus doou a sua mesma vida pelas ovelhas protegendo-as dos lobos ferozes que, neste caso, eram os fariseus, os escribas e os chefes da Lei que questionavam continuamente Jesus e os seus discípulos. Jesus protegia suas ovelhas rezando para que elas (Jo 17)

conseguissem cumprir sua missão. Jesus protegeu as ovelhas também ao explicar-lhes os mistérios do Reino de Deus.

Cada vez que Jesus contava uma parábola, depois, a sós, chamava os discípulos para explicar o sentido profundo daquilo que tinha colocado no meio da multidão (Mc 4). Jesus protegia suas ovelhas não com a força e a violência, mas com o amor, o diálogo e a compreensão.

Pensando atentamente sobre aquilo que Jesus coloca como atitude fundamental do seu pastoreio das ovelhas, ou seja, doação de vida, é possível entender que, para comunicar a Boa-Nova à luz do pastoreio de Cristo, faz-se necessário uma concentração total no projeto que se consegue alcançar.

Um primeiro passo, para termos a mesma atitude de Jesus, é mantermos viva a motivação que anima a própria vocação através do diálogo com Deus: a oração. É o que Jesus fazia. É uma forma de comunicação. Ser plenamente humano não significa meramente ser autônomo, no sentido de fazer tudo por si mesmo. Somos chamados, isso sim, a abrirmo-nos, a requerer-nos mutuamente, a fazer as coisas juntos, deixando-nos assombrar pela beleza dos outros. A tarefa do pastor tem a sua origem e a sua meta na comunhão, na comunicação.

2. *"Conhece as suas ovelhas e as suas ovelhas reconhecem a sua voz."* Trata-se da prioridade da *relação* sobre o *conteúdo*. Do lugar de fala em que nos inserimos, a relação precede o conteúdo, ou seja, a comunicação não é apenas a articulação de

mensagem já pronta e acabada, mas se exercita a partir de sujeitos em profunda interação. É, de fato, difícil transmitir um conteúdo tão profundo e autêntico como o Evangelho, sem tecer um relacionamento com as pessoas que se quer atingir.

Em Jesus se manifesta o sentido profundo do amor de Deus, que não é um conceito abstrato, filosófico. Amor é doação total de si mesmo: é isso que enxergamos em Jesus e é também isso que os discípulos viram em Jesus, na sua firmeza perante os algozes.

3. *"Tenho ainda muitas ovelhas que não estão no redil."* Neste mundo pós-moderno que muda rapidamente e que relativiza qualquer elemento de valor, seja moral, seja religioso, torna-se urgente aprender a inventar de forma criativa iniciativas que possam alcançar aquelas pessoas que ainda não responderam ao chamado de Cristo; é preciso ser Igreja no sentido forte do termo.

4. *Jesus se identifica totalmente com o seu ministério:* este é o sentido profundo da sua identidade. Nele não encontramos nenhuma separação entre divino e humano. Os seus atos humanos desvendam a sua origem divina e, ao mesmo tempo, a sua natureza divina transparece nos seus gestos, atos e palavras. Para além disso, em Cristo não encontramos também nenhuma separação entre sagrado e profano. Jesus veio anunciar o Reino de Deus, mas aquilo que chama atenção é que raramente o encontramos na sinagoga, mas, sim, nas praças, ruas, casas.

Ou seja, Jesus, a palavra-feita-carne, é o Bom Pastor que conduz todos à união com Deus. Também chama cada um a crescer em responsabilidade, a cuidar dos outros e a converter-se em bom pastor: líder-servo. Este é um sinal de maturidade espiritual. Essa é uma tarefa de comunicação em sua ação evangelizadora.

## *O que é comunicação?*

O sentido e o significado da palavra "comunicação" já foi explicitado e refletido neste livro. Ambos estão intimamente ligados com a ação comunicativa de todo agente da Pascom. Mas o modelo a ser adotado e vivenciado na Pascom é "dialógico", indispensável para uma atuação coerente com os princípios da Pastoral da Comunicação.

Após estudarmos os termos "pastoral e comunicação", temos condições de fazer a junção desses dois universos e passarmos a entender a expressão "Pastoral da Comunicação".

## *O que é Pastoral da Comunicação?*

Quem vai iluminar-nos e nos conduzir a uma percepção mais profunda sobre o sentido do que é Pastoral da Comunicação, é o próprio Diretório de Comunicação, quando diz que:

> As ações comunicativas da Pascom ganham sentido na medida em que colaboram com a ação evangelizadora da Igreja, pois "a evangelização, anúncio do Reino, é comunicação". Nesta perspectiva, passamos a entender que os agentes da

Pastoral da Comunicação e aqueles que trabalham na Igreja com a comunicação estão fazendo Pastoral da Comunicação. E o Documento de Puebla vem confirmar quando diz que "a evangelização, anúncio do Reino, é comunicação".[19]

Nesse sentido, entendemos que todos os que trabalham com comunicação na Igreja estão evangelizando, portanto, estão fazendo Pastoral da Comunicação.

A Pascom, portanto, cuja pedra fundamental está assentada nos princípios fundantes do exercício pastoral e da comunicação, deve atuar na confluência desses dois termos, conhecedora de que porta estatuto próprio e não se constitui apenas na sobreposição de dois termos. O seu campo de atuação são as mediações, a interface, o território que favorece o diálogo e a permanente construção da cultura do encontro.

É neste contexto que o Diretório de Comunicação explicita de forma concisa o campo de atuação da Pastoral da Comunicação, pois "ela favorece o cultivo do ser humano enquanto pessoa que comunica valores, vivenciados a partir da Palavra de Deus e da Eucaristia, pois o anúncio sempre deve ser acompanhado pelo testemunho".[20]

Desse modo, podemos dizer que a Pastoral da Comunicação é a pastoral do amor-comunhão, do serviço, cuja ferramenta de

---

[19] Ibid.
[20] Ibid., artigo 247.

trabalho são as mediações, a comunicação em suas múltiplas facetas, a interação no seu sentido pastoral e de evangelização.

Portanto, é papel do agente da Pascom agir nas fronteiras das mediações que, como vimos, hoje se dão muito expressivamente na ambiência técnica do jogo comunicativo. Como dito na primeira parte deste livro, as mediações vão além da técnica, englobam um conjunto de possibilidades para nos comunicarmos com o mundo.

A Pastoral da Comunicação é considerada a pastoral do serviço, da acolhida, pois sua finalidade não se encerra nas suas próprias atividades, mas ganha sentido quando contribui com as demais pastorais e os organismos da Igreja para dar visibilidade às ações evangelizadoras da Igreja.

Assim, a Pascom deve orientar-se pelos sentidos implicados nos termos "pastoral" e "comunicação", para que realmente seja um serviço para a comunicação e a construção de vínculos, bem como para o anúncio da Boa-Nova num mundo ainda carente de Jesus.

É preciso, assim, estarmos conectados com o sentido do termo "pastoral", procedimento esse também adotado com relação ao termo "comunicação" neste livro.

Podemos, desse modo, extrair da figura do Bom Pastor, que foi o comunicador perfeito do Pai, algumas características que integram a missão da Pascom, independentemente da realidade em que está inserida, conforme o Diretório de Comunicação da Igreja no Brasil nos aponta:

Compreendendo a Pascom em sua abrangência, algumas características se destacam, tais como: 1) colocar-se a serviço de todas as pastorais para dinamizar as ações comunicativas da Igreja; 2) promover o diálogo e a comunhão das diversas pastorais; 3) capacitar os agentes de todas as pastorais na área da comunicação, especialmente a catequese e a liturgia; 4) favorecer o diálogo entre a Igreja e os meios de comunicação para dar maior visibilidade à ação evangelizadora; 5) envolver os profissionais e pesquisadores da comunicação nas reflexões da Igreja, para colaborar no aprofundamento e atualização dos processos comunicativos; e 6) desenvolver as áreas da comunicação, como a imprensa, a publicidade e as relações públicas, nos locais onde não existem profissionais especificamente designados.[21]

## Eixos da Pascom

Para que a Pastoral da Comunicação tenha metas precisas e se sustente em suas ações, o Diretório de Comunicação reflete sobre a importância de estabelecer parâmetros que deem sustentação a seus planos de ação nas áreas de formação, articulação, produção e espiritualidade. É neste sentido que o Diretório vai explicitar seu campo de ação:

> A Pascom não se limita às ações isoladas, como a produção de murais, boletins e jornais impressos, programas de TV e rádio, construção de sites, blogs e outros meios. Tudo isso deve fazer parte de uma política global que gere comunhão e interatividade,

---

[21] Ibid., artigo 248.

alicerçada em quatro eixos: 1) formação, 2) articulação, 3) produção e 4) espiritualidade, que são dimensões do projeto nacional da Pascom. A Pascom, sustentada por esses eixos, deve incentivar a reflexão e estimular ações com sentido comunicativo, que conduzam à comunhão e à ação evangelizadora.[22]

Se a Pascom não se limita às ações isoladas, como bem destaca o Diretório, é prudente que a concebamos a partir dos eixos e não das tarefas, a partir de diretrizes e não de práticas localizadas. O agente de pastoral deve se orientar pelos eixos da Pascom e, assim, delimitar as ações adequadas para o contexto em que atua.

## Eixo da formação

Entendemos, aqui, por "eixo da formação" um processo formativo que possibilita ao agente da Pascom obter maior conhecimento teórico e prático em comunicação. Estes momentos de capacitação servem para desenvolver habilidades na área da comunicação e para os ajudar a lidar com as diferentes situações que surgem na atuação prática em suas regiões. Assim, a formação continuada apresenta-se como fator relevante para ter como resultado um bom desempenho, no contexto da cultura da comunicação em que se situam.

Os agentes da Pascom que participam dos Encontros Nacionais da Pastoral da Comunicação, dos Mutirões de Comunicação

---

[22] Ibid., artigo 249.

e de outros momentos formativos são motivados e provocados a melhorar suas práticas comunicativas.

E o Diretório de Comunicação nos coloca na trilha da formação, que

tem por objetivo a qualificação das lideranças e agentes de pastoral para que desenvolvam e executem projetos teoricamente embasados, tecnicamente atualizados e eticamente comprometidos. Um dos aspectos da formação são os cursos de comunicação na catequese, na liturgia e nas demais pastorais.[23]

Daí a importância da formação para que a Boa-Nova de Jesus Cristo seja anunciada a todos de forma qualificada e eficaz.

As pistas de ação relativas à formação podem ser encontradas no final do Diretório de Comunicação, como sugestão para o campo de ação.

## Eixo da articulação

Para que a articulação se efetive no campo da ação em que se pretende trabalhar, a primeira condição é a pessoa sentir-se vocacionada e atraída pelo trabalho que irá desenvolver. Aqui estamos falando do campo da comunicação que tem sentido pastoral, portanto, da Pascom. É nesta seara que os envolvidos com a Pastoral da Comunicação precisam animar e motivar aqueles que atuam ou não no campo da comunicação. É a partir deste universo que o comunicador irá articular e animar a Pastoral da

---

[23] Ibid., artigo 250.

Comunicação na sua diocese, paróquia ou comunidade, que tem uma única meta: o anúncio da Boa-Nova de Jesus Cristo.

E o Diretório de Comunicação indica formas e caminhos que nos podem ajudar nesta empreitada:

> A articulação se propõe a animar e envolver os agentes culturais e pastorais para que conheçam e se comprometam com ações concretas e integradas com os processos e meios de comunicação para o anúncio da Boa-Nova de Jesus Cristo. Uma das formas de articulação são os encontros com profissionais e pesquisadores da área de comunicação, para que contribuam com uma reflexão e atuação mais seguras e precisas na área.[24]

Estas reflexões propostas pelo Diretório descortinam um horizonte de iniciativas e ações que colaboram para que a articulação se concretize na ação evangelizadora, integrada com a cultura da comunicação.

Quanto às ações, vamos encontrá-las nas últimas páginas do Diretório de Comunicação. São sugestões que podem ser alteradas e acrescentadas, segundo a cultura e a realidade da região.

## *Eixo da produção*

A produção é um dos aspectos importantes para a Pastoral da Comunicação na diocese, paróquia e comunidade. Em todas as regiões do Brasil, vamos encontrar pessoas que possuem dons, talentos para produzir textos impressos e digitais. Esta

---

[24] Ibid., artigo 251.

riqueza local pode favorecer não só o crescimento daqueles que produzem, mas também daqueles que consomem tais criações. Este leque de produção pode contemplar as várias áreas da ação pastoral que colaboram na formação e na prática da comunicação.

É nesse sentido que o Diretório de Comunicação chama a nossa atenção para a importância e a necessidade da produção nos vários aspectos da comunicação.

No que diz respeito à produção, é necessário destacar que esse eixo está voltado para a elaboração de materiais, como: subsídios de textos impressos e digitais, áudios e vídeos que deem sustentação ao trabalho cotidiano dos agentes da Pascom, cada vez mais desafiados perante as rápidas mudanças culturais.

Essas produções podem ser suscitadas a partir de estudos, pesquisas, necessidades de grupos ou regiões, contribuindo significativamente com a prática comunicacional.[25]

Para que isto se torne realidade, é importante despertar a criatividade naqueles que possuem talentos para os vários âmbitos da comunicação. Pois, quando a produção tem em vista a comunidade e o bem comum, a Palavra de Deus se faz viva e a comunhão encontra ambiente propício.

Quanto às pistas de ação, podem ser localizadas nas últimas páginas do Diretório de Comunicação.

---

[25] Ibid., artigo 252.

## *Eixo da espiritualidade*

O eixo da espiritualidade constitui o alicerce e a razão de ser da Pastoral da Comunicação. É imprescindível que os agentes da Pascom encontrem espaços para a realização de encontros, retiros, leitura orante, a partir da Palavra de Deus e da Eucaristia. É importante trazer, como fonte inspiradora da Pascom, Maria, a Mãe de Jesus, para que capacite a todos na missão de comunicar Jesus, assim como ela fez e continua a fazer. Estes momentos indispensáveis na vida e ação dos comunicadores da Igreja representam a força e a fonte de toda a inspiração para uma ação concreta e eficaz da Pascom.

É nessa perspectiva que o Diretório de Comunicação nos encaminha, sinalizando que

> a espiritualidade constitui o alicerce de todos os eixos citados acima. Sem a prática e a vivência da espiritualidade, o comunicador esvazia-se, fragiliza-se como sujeito e torna-se vulnerável às dificuldades que se apresentam ao longo do caminho. É fundamental que se cultive a espiritualidade do comunicador mediante retiros, "leitura orante" na ótica da comunicação, reflexões sobre os documentos da Igreja no campo da comunicação, e que o comunicador se alimente da Palavra de Deus e da Eucaristia. A espiritualidade do comunicador, bem como toda a espiritualidade da Igreja, inspira-se na Trindade, modelo da perfeita comunicação e comunhão no amor.[26]

---

[26] Ibid., artigo 253.

Para o comunicador, a espiritualidade é de fundamental importância para que suas ações toquem a vida de outros com suas mensagens, a exemplo de Cristo, o verdadeiro comunicador do Pai.

As ações do eixo da espiritualidade propostas pelo Diretório de Comunicação podem ser encontradas nas últimas páginas do documento.

## Organização da Pascom: possibilidades de atuação

Partiremos agora para o universo de atuação da Pascom, que se dá em vários níveis, sem que estejam hierarquizados do ponto de vista das trocas: nacional, regional, diocesano, paroquial/comunitário, organizações.

Sob essa perspectiva, é fundamental uma ação integrada entre coordenação nacional, regional, diocesana e paroquial. Se a comunicação, para ser plena, precisa ser dialógica, a Pascom não tem como abdicar de um trabalho que seja, igualmente, circular, interativo e dialógico, como demonstra o gráfico a seguir. As tarefas e atividades da Pastoral da Comunicação deverão ser exercidas em estreita sinergia com as diversas coordenações, a fim de que o seu trabalho resulte eficiente e globalizante.

## O que compete à coordenação nacional

Uma vez que a comunicação social é um componente essencial para a evangelização, é indispensável, como já vimos, enfrentar os desafios culturais provocados pelas novas tecnologias e o agir no plano pastoral, constituindo setores de comunicação estruturados que atendam às exigências e necessidades de hoje.

A Comissão Episcopal Pastoral para a Comunicação tem como objetivo organizar, articular e animar a comunicação da Igreja no Brasil, cuja referência são a cultura e as linguagens das mídias constitutivas do novo areópago para o anúncio da Boa-Nova de Jesus Cristo a todos. O mesmo objetivo do nacional é assumido pelos regionais, diocesanos, paroquiais/comunitários. E o Diretório de Comunicação vem dar dinamismo e pautar a organização da Pascom, quando explicita que: "Para ser eficaz e abrangente, a Pascom se organiza em diferentes níveis: nacional, regional, diocesano e paroquial/comunitário".[27]

---

[27] Ibid., artigo 259.

## *Pascom em âmbito nacional*

Quem vai conduzir-nos e iluminar-nos na organização da Pascom em âmbito nacional é o Diretório de Comunicação da Igreja no Brasil.

A Pascom, como estrutura organizada em âmbito nacional, se articula a partir da Comissão Episcopal Pastoral para a Comunicação, em comunhão com os bispos referenciais e com os coordenadores regionais. Suas ações devem basear-se no diálogo, na participação, colaboração e ajuda às necessidades dos regionais. Isso se realiza por meio da implementação dos eixos já referenciados: *formação, articulação, produção, espiritualidade*. Essas iniciativas deverão estar em plena harmonia com os documentos da Igreja.[28]

Nesta perspectiva do Diretório, a Comissão para a Comunicação se estrutura da seguinte forma:

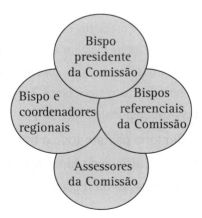

---

[28] Ibid., artigo 260.

## *Pascom em âmbito regional*

A organização da Pascom em âmbito regional vai encontrar referências e sustentação no Diretório de Comunicação, que precisa suas ações comunicativas.

No âmbito regional da CNBB, a Pascom se organiza de maneira participativa e dialógica para articular as atividades comunicativas em sua área de atuação. O regional conta com um bispo referencial e um coordenador regional da Pascom, que articulam a comunicação em sintonia com os coordenadores diocesanos e outras atividades relativas à comunicação. A coordenação reúne-se periodicamente para avaliar e planejar o conjunto das ações da comunicação. É imprescindível que cada regional profissionalize sua área de comunicação com a presença de um assessor especializado, ressaltando sempre uma perspectiva integrada da comunicação. A prioridade da coordenação no regional é animar a espiritualidade dos comunicadores; articular as ações comunicativas; produzir conteúdos; e promover a formação. Nos regionais onde existem as sub-regiões pastorais, cabe aos presidentes das sub-regiões constituir coordenadores da Pascom, podendo ser padres ou leigos. Estes farão parte da equipe de coordenação regional da Pascom.[29]

As reflexões do Diretório pautam todo o trabalho da Pastoral da Comunicação no regional, atribuindo funções específicas a todos os envolvidos com a comunicação da região.

---

[29] Ibid., artigo 261.

## Pascom em âmbito diocesano

No âmbito diocesano, a Pascom tem seu referencial de ação no Diretório de Comunicação da Igreja no Brasil, que caracteriza o trabalho comunicativo de forma integrada e coesa.

As atividades da comunicação na diocese operam segundo a lógica de funcionamento da coordenação nacional e regional, com base no diálogo, na colaboração e na participação mútua de experiências. Tem em sua estrutura o bispo diocesano como referencial da comunicação, um coordenador diocesano da Pascom e um representante de cada paróquia. Destacam-se como principais competências dessa pastoral a coordenação, a formação dos agentes de pastoral, a articulação em todos os âmbitos, a produção de conteúdos e a vivência da espiritualidade do comunicador.[30]

---

[30] Ibid., artigo 262.

As ações comunicativas, quando exercidas na comunhão de ações, geram frutos saborosos na evangelização, porque realizados a partir do modelo de Cristo, que nos deu o exemplo da unidade.

## Pascom em âmbito paroquial/comunitário

A Pascom em âmbito paroquial/comunitário vai se estruturar no Diretório de Comunicação da Igreja no Brasil.

A paróquia, como comunidade, é o espaço privilegiado para o encontro das pessoas e a formação para a comunicação. Nela, se reflete o cotidiano da vida dos cristãos, com suas angústias e esperanças, em que se abrem inúmeras possibilidades de participação e criatividade, especialmente para os jovens. A paróquia constitui-se como o lugar por excelência de atuação da Pascom. Sendo assim, orienta-se que a estrutura da Pascom nas paróquias se espelhe no que está delineado nos outros âmbitos: comunicação fundada no diálogo e troca de experiências direcionadas pelos quatro eixos que dinamizam e dão sentido às ações comunicativas. Na paróquia, a Pascom desenha-se do seguinte modo: o pároco é o seu referencial, que atua em sintonia e diálogo com um coordenador paroquial.[31]

Para o Diretório, à comunidade que vive a dimensão da comunhão e do diálogo abre-se um horizonte de possibilidades para a prática da Pastoral da Comunicação.

## Vicariatos para a comunicação

O Diretório de Comunicação, em seus dois artigos dedicados aos "Vicariatos para a comunicação", explicita de forma sucinta e clara os motivos pelos quais estes departamentos foram criados em algumas dioceses da Igreja no Brasil.

A leitura atenta do Diretório irá conduzir-nos à compreensão e ao exercício da plena comunhão e apoio, na medida em que estas instâncias se organizam conforme a estrutura da Pascom, que está delineada nos âmbitos nacionais, regionais, diocesanos, paroquiais/comunitários.

---

[31] Ibid., artigo 263.

**Para o Diretório de Comunicação da Igreja no Brasil,**

cada diocese, considerando o apelo da Igreja à valorização da cultura e a importância da comunicação na atividade eclesial, poderá, a partir de seu bispo e conselho pastoral, criar e fortalecer a estrutura de um Vicariato Episcopal para a Comunicação Social. Ao organismo caberá, sob a direção de um vigário episcopal nomeado pelo ordinário local, cuidar da comunicação institucional, promover uma rede de comunicadores articulada pela Pascom e estreitar o relacionamento da Igreja com os meios de comunicação de cada diocese. Dentro e fora da Igreja, o Vicariato para a Comunicação Social é convidado a promover reflexões sobre as estratégias comunicativas e de linguagem, em uma adaptação ao local e aos costumes, para que a Boa-Nova de Jesus Cristo chegue a todas as pessoas de modo inteligível.[32]

**Quanto à criação dos Vicariatos, o Diretório diz que**

a criação dos Vicariatos para a comunicação se justifica pela capilaridade territorial de algumas dioceses e pela profusão de meios e processos da comunicação. Esse quadro vem provocando o surgimento dessa estrutura, que permite a articulação e a coordenação do fazer comunicativo da Igreja. A Comissão Episcopal Pastoral para a Comunicação se coloca em sintonia com todas as iniciativas de comunicação que contribuam para o crescimento da comunhão na vida eclesial e para a expansão do Reino de Deus. É de suma importância que os Vicariatos de comunicação se organizem conforme a estrutura da Pascom, que está delineada no nacional, regional, diocesano e paroquial.[33]

---

[32] Ibid., artigo 264.
[33] Ibid., artigo 265.

É nesta perspectiva que a ação evangelizadora da Igreja no Brasil se concretiza, mediante iniciativas que correspondam às necessidades locais para que o Evangelho da Boa-Nova de Jesus Cristo seja anunciado a todos.

## Assessoria de imprensa

A assessoria de imprensa é uma atividade dentro da comunicação empresarial que tem por objetivo o fortalecimento da imagem de uma marca, produto ou empresa, servindo-se de todas as linguagens dos meios de comunicação. O assessor de imprensa se dedica a que as notícias encontrem espaços privilegiados em todas as mídias, provocando a visibilidade na sociedade da diocese, paróquia ou comunidade.

Este princípio se volta para todas as intituições e, no nosso contexto, à Igreja, em todos as suas instâncias.

O Diretório de Comunicação explicita de forma clara e suscinta que a Igreja precisa contar com uma assessoria de imprensa qualificada na área da comunicação, capaz de estabelecer relações com a imprensa, administrando as eventuais problemáticas que se poderão apresentar.

É com este espírito que o Diretório irá explicitar,

no âmbito nacional, regional e diocesano, a Igreja precisa contar com uma estrutura de assessoria de imprensa qualificada. Deve ser gerida por um profissional da área com capacidade de relações com a imprensa, capaz de administrar as eventuais situações problemáticas que poderão apresentar-se no contexto da Igreja e que seja intuitivo na divulgação de eventos importantes com repercussão na sociedade. É tarefa do assessor de imprensa preparar e conduzir as entrevistas do representante da Igreja, produzir um *clipping* de informações e notícias divulgadas pela mídia para colocar à disposição dos responsáveis pela comunicação na Igreja e supervisionar a produção de conteúdos destinados aos sites e redes sociais digitais. Em circunstâncias específicas e havendo necessidade, pode ser indicado um porta--voz, com preparação adequada, para falar em nome do bispo ou da diocese.[34]

No artigo 267 do Diretório de Comunicação, vamos perceber que as atividades do assessor de imprensa, em muitas dioceses da Igreja no Brasil, se alternam entre assessoria de imprensa e Pascom. Esta é uma realidade constante que se verifica na Igreja, visto o seu contexto econômico e as leis trabalhistas.

Vamos ao Diretório de Comunicação para fazer uma leitura atenta àquilo que nos propõe.

Em alguns regionais, dioceses e paróquias, o assessor de imprensa é contratado exclusivamente para desenvolver atividades técnicas, tais como: a criação, produção e alimentação de sites, blogs, mídias digitais, jornais, revistas e boletins impressos. Em outros regionais, dioceses e paróquias, o assessor de imprensa, além de executar funções técnicas, também pode colaborar na articulação da Pascom na sua região. É imprescindível que, nas instâncias onde não existe

---

[34] Ibid., artigo 266.

uma equipe da Pascom, o bispo nomeie um coordenador e uma equipe que articulem e animem as atividades da comunicação na Igreja local, espelhando-se no que está delineado no nacional, regional, diocesano e paroquial.[35]

Pelo que vimos, é fundamental uma ação integrada entre coordenação nacional, regional, diocesana, paroquial/comunitária, Vicariatos, assessoria de imprensa. Se a comunicação, para ser plena, precisa ser dialógica, a Pascom não tem como abdicar de um trabalho que seja, igualmente, circular, interativo e dialógico. As propostas, diretrizes, tarefas e atividades da Pastoral da Comunicação deverão ser exercidas em estreita sinergia com as diversas coordenações, a fim de que a sua missão seja cumprida.

---

[35] Ibid., artigo 267.

# Como iniciar a Pascom?

## Algumas sugestões práticas e concisas

Levando em consideração a estrutura anteriormente esboçada para iniciar uma Pascom, devem-se estabelecer alguns passos precisos e concretos:

1. Organizar uma equipe composta por pessoas qualificadas na área ou não, vocacionadas para a comunicação, a Palavra de Deus e a Eucaristia, para anunciar a Boa-Nova de Jesus Cristo.

2. Fazer um levantamento dos recursos humanos e econômicos existentes no regional, na diocese, na paróquia, na comunidade e no bairro.

3. Elaborar um projeto para a Pastoral da Comunicação que contemple com precisão todos os passos de um projeto.

4. Apresentar este esboço inicial para o bispo, vigário ou pessoa responsável, para a ação evangelizadora com a comunicação no regional, diocese, paróquia e comunidade.

5. Após estes encaminhamentos, dar início às ações concretas da Pastoral da Comunicação na região.

6. É de vital importância o intercâmbio de experiência e a colaboração dos profissionais, pesquisadores e professores da área da comunicação, para que ajudem na comunicação de forma profissional e incentivem as metas que a comunidade deseja atingir.

7. Ter sempre presente que a Pascom deve ser o elo entre as pastorais, provocando e favorecendo o diálogo na comunidade.

8. O objetivo da Pascom é fazer com que todos os meios de comunicação deem visibilidade às ações da Igreja, para comunicar à sociedade os serviços prestados a todos, no campo social, político, religioso, entre outros.

9. Produzir meios alternativos e populares de comunicação de fácil acesso, tais como jornal-mural, varal de notícias, boletim ou jornal, *folder*, programas de rádio, mídias sociais digitais.

10. Estudar a possibilidade de criar um *centro de comunicação* que abrigue bibliotecas, vídeos, revistas, bem como livros para exposição, empréstimo ou venda na Igreja local.

11. Criar e manter atualizado o arquivo de notícias referentes à Igreja local.

12. Manter sempre atualizado o blog, o site do regional, diocese, paróquia e comunidade, para que as notícias possam chegar a todos em tempo real.

13. Inserir, no rol dos meios de comunicação, as novas tecnologias para dar melhor impulso ao trabalho da Pastoral, tais como sites, portais, blogs, conversas instantâneas, e-mails, como forma de agilizar a difusão das atividades da Igreja.
14. Organizar cursos de comunicação na dimensão teórica e prática, para que cada vez mais a Igreja possa contar com pessoas capazes de exercer trabalhos no campo da comunicação.
15. Incentivar, em especial, os membros da equipe de comunicação a participarem dos Encontros Nacionais da Pastoral da Comunicação, dos Mutirões Nacionais de Comunicação e de outros eventos que colaborem na sua formação.

## Plano da Pastoral da Comunicação

O Plano da Pastoral da Comunicação visa estruturar as principais ideias e questões relacionadas às atividades de comunicação da Igreja local. Ele precisa expressar, o quanto possível, as necessidades da comunidade, explicitando suas ações de forma clara e concreta.

Assim que as estratégias, setores e equipes estiverem definidos, faz-se necessário a construção de um sólido planejamento, que dará origem ao projeto de comunicação. Vamos ler atentamente o que o Diretório nos propõe para a realização de um plano:

> É importante que "cada Conferência Episcopal e cada diocese elabore um plano pastoral completo de comunicação". O modelo de planejamento proposto pela *Aetatis Novae* sugere que a

ótica da comunicação perpasse toda a ação evangelizadora da Igreja. Com isso, o plano pastoral contribui para a mudança de mentalidade de todos os membros da comunidade em vista de uma inserção na cultura midiática. As diretrizes aqui apresentadas só poderão ser executadas mediante a elaboração de um planejamento sistemático, que integre em seu escopo as principais demandas das políticas de comunicação da Igreja no Brasil.[1]

## Quais as etapas de um plano?

*Análise da realidade:* neste primeiro item o grupo irá analisar o que já existe no sentido econômico e de pessoal, e o que poderá contribuir para que a Pastoral da Comunicação possa se desenvolver de forma criativa e consistente.

*Obstáculos:* é importante que o planejamento considere todos os obstáculos que poderão impedir o desenvolvimento da Pastoral da Comunicação no regional, diocese, paróquia/comunidade. É necessário ter coragem de listar de forma clara e precisa os possíveis entraves que poderão surgir ao longo do caminho, a curto, médio e longo prazo. Só assim a Pascom não irá recuar, em razão de impedimentos que surgirem no exercício da missão.

*Levantamento das necessidades:* estabelecer um longo diálogo no grupo e na comunidade para que o planejamento contem-

---

[1] Diretório de Comunicação da Igreja no Brasil, artigo 269.

ple as necessidades reais da comunidade, no sentido da comunicação. Este levantamento das necessidades pode incluir etapas precisas: curto, médio e longo prazo.

*Identificação das prioridades:* assim como foram estabelecidas pistas para as outras etapas, esta, também, precisa levar em conta o diálogo e a comunhão, para conseguir contribuições significativas para a Pastoral da Comunicação. É importante que essas prioridades sejam claras e tenham como objetivo a promoção, a divulgação e o serviço a todas as pastorais. Ter presente que algumas precisam ser desenvolvidas num curto prazo, outras, a médio prazo e outras, ainda, a longo prazo.

## Projeto: mapeando possibilidades e produção

A construção de um projeto de comunicação, a partir do plano, é fundamental para a execução de qualquer atividade. É necessário estimar objetivos, apresentar metas, declarar posicionamentos, determinar os caminhos pelos quais se alcançam essas ações. A Pastoral da Comunicação deve ter como base a elaboração de um projeto que seja exequível. O Diretório também aponta a necessidade da produção de um projeto, antes de dar início a qualquer atividade:

> Uma vez delineadas as principais ações do planejamento, deve-se elaborar um projeto que corresponda às necessidades locais. A elaboração de um projeto deve contar com uma equipe qualificada e

comprometida com a comunicação, oriunda das diversas pastorais da região, bem como de pessoas interessadas e comprometidas com a área. O projeto deve ser elaborado tendo em vista cada ação, meta e objetivos a serem alcançados em curto, médio e longo prazo. É importante a previsão orçamentária disponível para a realização das ações e uma adequada equipe para captação de recursos que contribuam para a execução do projeto. Para medir a eficiência do projeto, é necessária a criação de mecanismos de avaliação capazes de monitorar o andamento das atividades.[2]

## Etapas de elaboração de um projeto

*Apresentação:* é o primeiro item do projeto e tem como finalidade apresentar a ideia principal. Visa ser o cartão de visita, pois é nela que estão contidas as intenções do projeto.

*Justificativa:* reflete, de forma coerente e lógica, as necessidades da implantação do projeto. Nela devem ser desenvolvidos os problemas, o diagnóstico da situação que se quer resolver e melhorar.

*Objetivo geral:* procura atingir de forma sucinta e clara as intenções do projeto, ou seja, especifica o que se pretende atingir com as ações a serem desenvolvidas.

*Objetivos específicos:* têm como propósito manter o foco do objetivo principal, aquele que ordena a produção do projeto e procura desdobrá-lo em intenções menores para que contribua para o alcance do objetivo geral.

---

[2] Ibid., artigo 270.

*Metodologia:* são os meios pelos quais se atinge determinada ação. Indicam-se os modos pelos quais as atividades serão realizadas. Como será feito determinado encontro, de que forma será produzido o boletim, de que maneira serão construídas as peças publicitárias.

*Composição da equipe de apoio:* para a realização do projeto, é necessário constituir uma equipe de apoio. Neste item deve-se apresentar a equipe de apoio disponível para as diversas atividades da Pastoral da Comunicação.

*Ações específicas:* o projeto da Pastoral da Comunicação precisa especificar as ações concretas, de acordo com os quatro eixos apresentados no Diretório de Comunicação, levando em consideração as realidades da Igreja local.

*Revisão:* esta última etapa precisa constar no projeto para que tenha espaço no calendário, de forma que ao menos uma vez ao ano a equipe realize uma reunião para fazer uma revisão do que foi feito e, também, encontre respostas precisas para o que não foi executado.

Como vimos, a Pastoral da Comunicação se caracteriza por ser uma Pastoral que possui um planejamento e um projeto integrado, participativo, estratégico e aberto à avaliação e celebração.

# Considerações finais

À luz das orientações do Diretório de Comunicação, elaboramos este livro, considerando acúmulos de trabalhos anteriores, com o objetivo de contribuir para o redesenho das mediações contemporâneas, como indica o próprio Diretório.

Em sintonia com o espírito do Diretório, conforme advertimos inicialmente, este livro não pretendeu ser um manual exclusivo, com receitas definitivas de *como fazer* a Pastoral da Comunicação. Ao contrário. Sabemos que o *como fazer* depende das contingências específicas da Igreja e da sociedade, que se modificam velozmente. Assim, esta obra quer apenas ser um manual, principalmente no âmbito da comunicação, que está fadada a cair em desuso e perder a validade, visto que as formas de comunicar alteram-se velozmente nos nossos tempos.

O nosso objetivo foi, sim, fazer deste livro um aliado na busca de indicações e parâmetros à luz das orientações do nosso Diretório de Comunicação, dos documentos da Igreja e da CNBB, das experiências já consolidadas e da cultura midiática.

E por falar em documentos e cultura midiática, palmilhamos a trilha das palavras do nosso Santo Padre, o papa, que exorta os comunicadores católicos a integrarem sua ação pastoral na cultura dos meios de comunicação, imbuídos de discernimento, espírito crítico e empreendedorismo. Em breves palavras, o sucesso e o futuro da Pascom dependem da aplicabilidade desse princípio, que tem desdobramentos sobre a prática dos agentes pastorais. Portanto, mãos à obra!

# Bibliografia

BORGES, Roseane; FOGOLARI, Élide. *Novas fronteiras da Pastoral da Comunicação*. São Paulo, Paulinas, 2009.

BARROS FILHO, Clóvis de. *Ética na comunicação: da informação ao receptor*. São Paulo, Moderna, 1995.

CAPPARELLI, Sérgio; SODRÉ, Muniz et al. *A comunicação revisitada*. Porto Alegre, Sulina, 2005.

COSTELA, Antonio. *Comunicação: do grito ao satélite*. São Paulo, Mantiqueira, 1984.

DARIVA, Noemi (org.). *Comunicação social na Igreja*. São Paulo, Paulinas, 2003.

DIRETÓRIO DE COMUNICAÇÃO DA IGREJA NO BRASIL. São Paulo, CNBB, 2014.

DIRETÓRIO DE COMUNICAÇÃO ITALIANO. Itália, 2004.

GOMES, Pedro Gilberto. *Tópicos de teoria da comunicação*. Rio Grande do Sul, Ed. Unisinos, 1995.

HOHLFEDT, Antonio; MARTINO, Luiz C. et al. *Teorias da comunicação: conceitos, escolas e tendências*. Rio de Janeiro, Vozes, 2001.

KRISTEVA, Julia. *História da linguagem*. Portugal, Edições 70, 1999.

MARCONDES FILHO, Ciro. *Até que ponto, de fato, nos comunicamos?* São Paulo, Paulus, 2004.

_____. *O rosto e a máquina: o fenômeno da comunicação visto pelos ângulos humano, medial e tecnológico*. São Paulo, Paulus, 2013.

MELO, José Marques de. *História do pensamento comunicacional*. São Paulo, Paulus, 2003.

MIÈGE, Bernard. *O pensamento comunicacional*. Rio de Janeiro, Vozes, 2000.

OLIVEIRA, Ivani de; MEIRELES, Mário. *Dinâmicas para encontros de jovens*. São Paulo, Paulinas, 2003.

PUNTEL, Joana; CORAZZA, Helena. *Pastoral da comunicação: diálogo entre fé e cultura*. São Paulo, Paulinas, 2007.

ROMEU, Dale. *Os meios de comunicação e a Igreja no Brasil que se renova*. Rio de Janeiro, Vozes, 1969.

SANTAELLA, Lucia. *Comunicação ubíqua: repercussões na cultura e na educação*. São Paulo, Paulus, 2013.

SARTORI, Giovanni. *Homo videns: televisão e pós-pensamento*. Bauru, Edusc, 2001.

SILVERSTONE, Roger. *Por que estudar a mídia?* São Paulo, Loyola, 2002.

SOARES, Ismar de Oliveira (org.). *Como organizar a pastoral da comunicação*. São Paulo, Paulinas, 1989.

## Documentos, palestras e experiências pastorais

CNBB. *Diretrizes gerais da ação evangelizadora da Igreja no Brasil 2008-2010*. São Paulo, Paulinas, 2008.

_____. *Instrução pastoral Aetatis Novae:* uma revolução nas comunicações. São Paulo, Paulinas, 1992.

_____. *Igreja e comunicação rumo ao novo milênio*. São Paulo, Paulus, 1997. Estudos n. 75.

_____. *Igreja e comunicação rumo ao novo milênio*. São Paulo, Paulinas, 1997. Documento 59.

Documento de Aparecida. *V Conferência Geral do Episcopado Latino-Americano e do Caribe*. São Paulo, Paulus/Paulinas/CNBB, 2008.

# Sumário

Prefácio..........5

Apresentação..........9

### NA TRILHA DA HISTÓRIA: A COMUNICAÇÃO QUE NOS CONSTITUI

Nossos passos vêm de longe:
a comunicação e seus desdobramentos ao longo da história..........17
    Onde tudo começou..........19

Comunicação: pluralidade de vozes e de perspectivas..........28
    Mas, afinal, o que é comunicação?..........31
    Comunicar não é informar..........34
    Mas, afinal, o que é informação?..........36
    Midiatização (meios)..........38
    Comunicação e a dinâmica
    de seus elementos..........39

Modelos de comunicação..........45
    Comunicação horizontal, vertical..........45
    Comunicação dialógica, interativa, circular..........46

Formas de comunicação..........54

A DINÂMICA DA PASCOM, SEGUNDO A ÓTICA DO DIRETÓRIO DE COMUNICAÇÃO

Comunicação na Igreja: a atuação da Pascom.................................................. 65
Olhar o passado com foco no presente e no futuro........................... 68
*Inter Multiplices* (1487)..................................................................................70
*Vigilanti Cura*: o cinema em foco (1930)....................................................71
*Miranda Prorsus* (1957)................................................................................. 72
*Inter Mirifica* (1963)......................................................................................... 73
*Communio et Progressio* (1971).................................................................. 75
*Aetatis Novae* (1992)...................................................................................... 76
Novos desdobramentos da história
da Pastoral da Comunicação........................................................................81
Trajetória dos Encontros Nacionais da Pascom..................................... 82
RIIBRA (Rede de Informática da Igreja no Brasil)................................... 84
Diretório de Comunicação da Igreja no Brasil........................................ 85
Articulação da Pascom nos regionais......................................................... 87
Mas, afinal, o que é Pastoral da Comunicação?...................................... 88
Eixos da Pascom................................................................................................ 97
Organização da Pascom: possibilidades de atuação........................ 103
O que compete à coordenação nacional............................................... 104

Como iniciar a Pascom?......................................................................................... 114
Algumas sugestões práticas e concisas................................................. 114